AF568593

Aurélie Bastian

FRANZÖSISCH BACKEN

Pour mon papa

Inhalt

Vorwort

Ich bin eine Naschkatze und jeder Moment in meinem Leben ist mit einer süßen Erinnerung verbunden. Ich liebe es, meiner Familie und Freunden eine Freude zu bereiten, indem ich ihnen einen Kuchen oder eine kleine süße Leckerei zubereite.

Als kleines Kind bin ich jeden Sonntagmorgen mit meinem Papa ein frisches Baguette kaufen gegangen. Dort durfte ich mir ein Croissant aussuchen: eins mit Schokolade oder Mandeln. Auf dem Rückweg fragte ich immer, ob ich das Baguette bis nach Hause tragen dürfte, sodass ich den »Trognon« (die Spitze) vernaschen konnte. Die knusprige Spitze ist für mich immer der beste Teil gewesen. Daheim angekommen wurde das Baguette in 10 Zentimeter lange Stücke geschnitten, die Stücke wurden halbiert und dann mit reichlich Butter und Marmelade bestrichen.

Zum Frühstück gab es auch hin und wieder eine frische Brioche von meiner Maman. Sie hat sie immer nach einem alten französischen Rezept mit viel Butter und Eiern gebacken. Ihre Brioche schmeckte einfach fantastisch. Ich habe seitdem viel herumexperimentiert und mit meinem Schwiegerpapa Clément über das Thema philosophiert ... und nach recht viel Ausprobieren und Abschmecken habe ich nun endlich mein Lieblings-Brioche-Rezept mit nur wenig Butter und frischer Hefe kreiert (Seite 44). So kann ich meine Kindheitserinnerungen ohne die üppigen Kalorien ohne schlechtes Gewissen genießen.

Süße Momente in meinem Leben gibt es auch heute mit meinem Sohn. Für ihn und mit ihm backe ich gern kleine Vesper. Für uns ist die Goûterzeit gegen 16 Uhr eine sehr wichtige Mahlzeit. Wir genießen dann zusammen ein kleines Gebäck und eine Chocolat chaud. Oft essen wir Madeleines (Seite 103), kleine Salzbutterkekse (Seite 104) oder Chouquettes (Seite 114). Beim Backen lassen wir unserer Fantasie freien Lauf und zaubern blaue Madeleines oder grüne Chouquettes! Diese Backzeit bedeutet immer Momente des Zusammenseins, die mir wichtig sind.

Ich habe französisches Gebäck so vermisst, dass ich irgendwann selbst mit dem Backen anfing.

Ich backe auch gern größere Kuchen, meist zu Familienfeiern oder wenn wir Besuch von Freunden haben. Da wird vorher abgesprochen, was jeder sich wünscht, und ich versuche, einen Traumkuchen zu basteln. Für den Geburtstag meines Sohnes habe ich ein Croquembouche

Aurélie Bastian
FRANZÖSISCHES KOCH- UND BACKATELIER
www.aureliebastian.de
Kochschule
· Foodfotographie · Feinkost ·

Man stellt sich immer vor, in Frankreich gäbe es nur Weißbrot. Das stimmt aber nicht!

(Seite 170) gebacken mit einfachen Windbeutel- und Cremerezepten in unterschiedlichen Geschmacksvarianten. Das mag ich: mithilfe einfacher Basisrezepte einen tollen Kuchen backen, um meine Gäste zu entzücken.
Ich bin nach Deutschland gekommen und habe sehr schnell die Boulangerie und Pâtisserie vermisst. Nach dem Motto »Selbst ist die Frau!« habe ich mich ans Backen gemacht!
Ich habe alle Rezepte meiner Maman bekommen und erstmal die Fettmengen halbiert. Dann habe ich die langen, aufwendigen und schwierigen Handgriffe aufs Wesentliche reduziert. In meinen Blogeinträgen habe ich mich angestrengt, alle komplizierten Rezepte verständlich zu erklären. Da ich ganztags arbeite und trotzdem frisches Gebäck und Brot genießen möchte, musste es doch eine Lösung geben.
Ich habe also alle meine Lieblingsrezepte neu interpretiert und so lange gebacken, bis ich ein leckeres Ergebnis bekommen habe. Es war nicht immer einfach, ich habe oft gezweifelt. Ich konnte aber meinen Konditorfreund fragen. Er fand meine Ideen und Fragen immer sehr amüsant: »Warum müssen denn Frauen immer die Kalorien reduzieren?!«
Auch wenn die Ergebnisse nicht sooo schön aussahen, es hat mir immer Spaß gemacht, Rezepte zu entwickeln, und die Gebäckstücke waren fast alle sehr lecker.
Ich habe meinen Blog mit der Tarte aux pommes angefangen, dann folgte die Tarte au citron meringuée (Seite 72). Das alles war sehr einfach. Und dann kam das Macaronrezept. Das Original war mir zu lang und zu kompliziert. Ich habe also eine einfache Version kreiert und bin seitdem sehr zufrieden. Seit ich mein Macarons-Buch veröffentlicht habe und während meiner Backkurse freue ich mich immer, Kunstwerke von Lesern oder Teilnehmern zu sehen.
Seit ein paar Jahren traue ich mich auch an Brot heran. Man stellt sich immer vor, in Frankreich gäbe es nur Weißbrot. Das stimmt aber nicht! Bei uns gibt es auch wie in Deutschland Roggenbrot, Dinkelbrot und dann Brote aus verschiedenen Mehlmischungen, bei dem jedes eine

besondere Rezeptur und Form hat, z. B. Pain de campagne (Seite 39) oder Pain aux céréales (Seite 40) etc. Die Varianten sind aus meiner Sicht nicht so weit entfernt von dem so leckeren deutschen Brot.
Ich habe am Anfang mit frischer Hefe gearbeitet, was den Herstellungsprozess viel einfacher macht, bis ich mit viel Geduld und Feingefühl meinen »Maurice« kreiert habe. Maurice? So heißt mein Sauerteig (Seite 19)! Über ihn werde ich hier auch viel schreiben und – wie oft in Beziehungen – mich auch beschweren. Er hat immerhin seinen kleinen eigenen Charakter. Aber meine Zeit mit ihm ist immer schön und lecker schmecken tut er auch. In meinem ganzen Blog-Abenteuer habe ich viel gelernt und mich intensiv mit dem Thema beschäftigt. Im Ganzen brauche ich in der Pâtisserie eine Handvoll Grundrezepte für den Teig und eine Handvoll für die Creme:

- Pâte sablé, feuilleté, à choux, pain, brioche (Mürbeteig, Blätterteig, Brandteig, Brotteig, Briocheteig)
- Crème pâtissière, Ganache, Meringue, Caramel (Konditorcreme, Ganache, Baiser)

Ich habe mich also angestrengt, meine Version dieser acht Grundrezepte zu entwickeln und es so einfach wie möglich zu halten. Der Spaß besteht darin, dass ich aus einem Grundteig viele verschiedene Gebäcksorten nachbacken kann. Aus Pâte à choux kann ich Choux (Seite 56) backen aber auch Éclairs (Seite 62), Religieuses (Seite 60), Paris-Brest (Seite 64), Chouquettes (Seite 114), kleine Pets de nonne (Seite 112), den Croquembouche (Seite 170) und den Saint-Honoré (Seite 166). Ebenso ist es mit der Crème pâtissière (Seite 74), aus deren Grundrezept man auch eine leckere Vanillesauce kochen kann, aber auch eine Crème mousseline oder Crème chiboust – einfach anders aromatisieren und die unendliche Geschmacksvielfalt ausprobieren.
Backen macht mir Spaß, wenn das Ergebnis schmeckt, das Gebäck hübsch aussieht und das Backen nicht zu viel Zeit in Anspruch nimmt. Ich möchte im Alltag mehr Zeit zum Genießen haben, als für die Zubereitung nötig ist.
So einfach ist das Ganze! Wenn man die Basisrezepte kennt, kann man fast alles zaubern.

Fingerspitzengefühl und gute Zutaten sind beim Backen wichtig.

Eier lagere ich nie im Kühlschrank, sondern immer bei Zimmertemperatur. So lassen sie sich besser verarbeiten.

Tipps & Tricks

Die Zutaten

Butter vs. Margarine

Ich backe immer mit Butter. Sie hat eine cremige Konsistenz und ist stabiler, wenn sie aufgeschlagen wird. Außerdem wird sie, wenn sie langsam geschmolzen wird, wieder genauso fest. Margarine schmeckt anders in einem Kuchen und wird weicher, wenn man sie bearbeitet. Anstelle von Margarine würde ich lieber Kokosfett oder Kakaobutter nehmen.

Vanillemark vs. Vanillezucker

Ich benutze echte, pure Vanille. Man kann auch Vanillezucker selbst machen, indem man etwas Vanillemark mit Zucker mischt und in einer verschließbaren Dose aufbewahrt. Industrieller Vanillezucker enthält oft keine echte Vanille.

Agar-Agar vs. Gelatine

Agar-Agar ist ein pflanzliches Geliermittel. Für eine Creme gilt: Wir brauchen für 500 Milliliter Flüssigkeit 1 Teelöffel Agar-Agar. Dazu einfach Agar-Agar in etwas Flüssigkeit einrühren, unter Rühren aufkochen und 10 bis 12 Sekunden köcheln, unter die gewünschte Creme oder Basis rühren und dann 1 Stunde abkühlen lassen. Gelatine ist ein tierisches Geliermittel. Gelatineblätter müssen 10 Minuten in kaltem Wasser eingeweicht, ausgedrückt und dann unter die warme Creme gerührt werden. Gelatine wird nie gekocht. Ich verwende in der Regel 3 Gelatineblätter oder 6 Gramm für 250 Milliliter Flüssigkeit. Die Gelatine muss mindestens 2 Stunden im Kühlschrank ziehen, bis sie fest wird.

Kann ich Zucker ersetzen oder reduzieren?

Man kann bei den meisten Kuchen Zucker durch Honig oder Stevia ersetzen, jedoch nicht bei Macarons und Meringues und überall dort, wo der Zucker dem Teig seine feste Konsistenz verleiht. Dies gilt auch für die Frage: Kann ich weniger Zucker verwenden?

Auch alle andere Arten von Zucker sind nicht gleich in der chemischen Reaktion. Ich verwende beispielsweise keinen Rohrzucker, Kokosblütenzucker oder Traubenzucker für Macarons und Baisers. Bei Kuchen kann man diese Sorten jedoch gut einsetzen und die Menge anpassen.

Worauf muss ich bei Eiern achten?

Ich verwende Bio-Eier aus meiner Region. Die kaufe ich immer am Montag und lagere sie zum Backen in meiner Küche bis zum Wochenende. (Eier bewahre ich übrigens nie im Kühlschrank auf.) Frische Bio-Eier schmecken mir zu sehr nach Ei. Daher lasse ich sie ein bisschen reifen (eine Woche), bevor ich sie zum Backen verwende. Ein zu kaltes Eiweiß fällt auch schneller zusammen, wenn es zu Schnee geschlagen und weiterverarbeitet wird wie in meinem Macarons-Rezept.

Warum kommt in manche Cremes Mehl und womit kann ich es ersetzen?

Das Mehl gibt der Creme noch eine zusätzliche Bindung und Stabilität. Ohne diese kann es passieren, dass die Eigelbe kochen und Klümpchen bilden. Ich gebe immer in meine Crème pâtissière etwas Mehl, weil ich so an Eigelb sparen kann. Ich finde, dass sie sonst zu sehr nach Ei schmeckt. Und somit setzt sich mein Basisrezept nur aus 4 Eigelben, 1 Esslöffel Mehl, 50 Gramm Zucker und 250 Milliliter Milch zusammen. Wenn die Creme nicht unbedingt fest sein muss, gebe ich anstatt des Mehls Speisestärke oder Maismehl hinein. Dies gibt ebenfalls Bindung, aber nicht so viel Halt.

Frische Hefe vs. Trockenhefe

Ich liebe frische Hefe, aber manchmal hat man keine zu Hause. Ein Hefewürfel (42 Gramm) entspricht ungefähr 15 Gramm trockener Hefe. 20 Gramm frische Hefe oder 7 Gramm trockene Hefe reichen für mindestens 500 Gramm bis 1 Kilogramm Mehl. Achtung, bei der Bearbeitung Ihres Teiges sollte die Hefe nie in direkten Kontakt mit dem Salz kommen. Deswegen wird das Salz immer vorher mit dem Mehl vermischt und erst dann kommen Flüssigkeit und Hefe ins Spiel. Jede frische bzw. Trockenhefe schmeckt anders. Also falls Ihnen die Hefe einen zu starken Geschmack hat, einfach eine andere Marke ausprobieren. Frische Hefe kann problemlos eingefroren werden. Beim Auftauen wird sie klebrig und etwas flüssig, aber sie behält trotzdem ihre Wirkung.

Kuchen

Wie wird Kuchen luftiger?

Man kann das Mehl sieben, um dem Kuchen etwas Leichtigkeit zu geben. Es hilft aber auch, beim festen Kuchen wie Cake (Kuchen aus der Kastenform) oder Marmorkuchen, auf die untere Schiene des Backofens ein Blech mit 800 ml Wasser zu platzieren und den Kuchen auf einem Gitter auf der mittleren Schiene zu backen.

Wie weiß ich, ob mein Kuchen fertig gebacken ist?

Mit einem dünnen Holzstäbchen die Mitte des Kuchens anstechen und das Stäbchen wieder rausziehen. Wenn noch roher Teig daran klebt, ist der Kuchen noch nicht durchgebacken.

Soll ich immer ein Rührgerät benutzen?

Für alles, was man lange mit einem Schneebesen steif schlagen muss (z. B. Eischnee, Eigelb mit Zucker ...) benutze ich ein Rührgerät. Brioche und Brotrezepte bearbeite ich ebenfalls mit dem Knethaken meiner Maschine, aber dann nur auf kleiner Stufe und ganz lange. Ich knete nur meinen Mürbeteig mit den Händen, weil die Körperwärme nötig ist, um die Butter richtig in den Teig einzuarbeiten.

Wie fülle ich einen Spritzbeutel am einfachsten?

Einen Spritzbeutel bestücke ich mit einer Lochtülle und setze ihn in einen großen Becher (z. B. in einen Messbecher). Die obere Seite krempele ich über die Gefäßkante und schon steht der Spritzbeutel sicher zum Befüllen bereit.

Wie dick muss ich den Teig ausrollen?

An der Frage erkennt man den ganzen Unterschied zwischen Frankreich und Deutschland. Wir sagen, wie »dünn« wir ihn ausrollen müssen, denn Teig ist nur dazu da, um die Füllung zusammenzuhalten. Also: außer wenn anders im Rezept beschrieben, immer davon ausgehen, dass er »dünn« ausgerollt wird. Ein Tarteteig sollte für mich zwischen 0,5 bis 0,3 Zentimeter dünn sein, ein Biskuitteig sollte 1,5 bis 2 Zentimeter dünn ausgestrichen sein, wie auch der Croissantteig. Ein Blätterteig sollte 0,5 bis 1 Zentimeter dünn ausgerollt werden. Diese Teige werden beim Backen auch an Volumen zunehmen.

Was ist Blindbacken?

Blindbacken bedeutet, dass man einen Teig ohne Füllung vorbäckt. Dafür wird der Teig in die Form gegeben, mit einer Gabel angestochen und mit Backpapier bedeckt. Auf das Backpapier kommen getrocknete Hülsenfrüchte zum Beschweren (sonst würde der Teig aufgehen und die Ränder würden zusammenfallen) und so wird der Teig 10 Minuten vorgebacken. Dann werden die Hülsenfrüchte samt Backpapier entfernt und der Boden wird für weitere 10 Minuten gebacken. Danach kommt erst die Füllung auf den Boden. Blindbacken ist ein absolutes Muss für alle Tarte- und Quicherezepte. Sonst wird die Mitte des Bodens nicht durchgebacken und bleibt roh und weich.

Warum ich Flüssigkeitsmengen auch in Gramm angebe

Bei Wasser und Milch ist die elektronische Küchenwaage inklusive Grammskala genauer als beispielsweise die (etwas üblichere) Milliliter-Angabe in Messbechern.

Was genau ist eine »Tour« beim Croissant- und Blätterteigrezept?

Eine Tour bedeutet, dass man den Teig in der Länge ausbreitet und dann 3-mal faltet. Dann wird er wieder in den Kühlschrank gestellt. Bei der nächsten Tour muss man dem Teig immer eine Vierteldrehung geben, sodass er in die andere Richtung ausgebreitet wird. Ich mache beim Croissant-Teig immer vier Touren und beim Blätterteig drei oder vier Touren.

Die Anschaffung eines Spritzbeutels lohnt sich auf jeden Fall – es gibt Einwegspritzbeutel und wiederverwendbare.

Wie lange bleiben die Backwaren frisch?

Je nach Rezept fällt die Haltbarkeit sehr unterschiedlich aus. Gebäck, das frisches Obst und Eiweiß enthält (Baiser, Macarons mit Obst), sollte bis zum nächsten Tag aufgegessen und immer in einem Kühlschrank gelagert werden. Pâtisseries mit Creme (Eclair, Religieuse, Paris-Brest) können im Kühlschrank zwei bis drei Tage gelagert werden und alle trockenen Kuchen halten sich mindestens fünf bis sechs Tage.

Kann ich Kuchen und Brot einfrieren?

Man kann alle Brote und Briochesorten einfrieren. Ich friere meine Baguettes und Croissants u. Ä. im Ganzen ein, größere Brote in Scheiben, die ich dann einzeln auftauen kann. Trockene Kuchen wie Marmor- oder Schokoladenkuchen können ebenfalls eingefroren werden.

Bei Blätterteig muss man vor dem Falten immer gründlich das Mehl abbürsten, damit der Teig gut hält.

Choux und Brandteig

Der Teig sollte sich vom Kochtopf ablösen und eine schöne glatte Teigkugel ergeben, ein bisschen wie beim Kneten. Die Eier immer eines nach dem anderen in den Teig geben und immer schön schlagen, sodass der Teig schön cremig und luftig wird. Die Backofentür immer leicht geöffnet lassen, beispielsweise mit einem eingeklemmten Holzlöffel. Aber die Backofentür nicht komplett aufmachen, bevor der Teig fertiggebacken ist. Sonst fällt er zusammen.

Welche typischen Fehler kann man beim Windbeutelteig machen?

- Der Backofen wurde nicht vorgeheizt.
- Der Teig ist zu flüssig.
- Eine zu niedrige Backtemperatur wurde eingestellt.
- Die Backofentür wird zwischendurch zu weit geöffnet.

Macarons

Macarons backe ich ohne Ende, und das seit sieben Jahren. Ich mag sie farbenfroh, nicht zu süß … und ein bisschen verrückt dürfen sie auch sein, z. B. Lavendel-, Passionsfrucht- oder Piment-Macarons. Meine sieben Gebote fürs Macaron-Backen:

- Lernen Sie Ihren Backofen kennen. Wichtig: nicht mit Umluft backen.
- Mischen Sie für mein Macaron-Rezept (siehe Seite 78) gemahlene Mandeln und Puderzucker und mahlen Sie beides zu feinem Mehl.
- Sieben Sie zusätzlich diese Mandel-Zucker-Mischung.
- Benutzen Sie Pasten oder Pulver, um die Macarons zu färben.
- Wiegen Sie das Eiweiß ab.
- Geben Sie den Macaron-Teig mit einem Spritzbeutel mit Lochtülle auf das Blech.
- Nehmen Sie sich Zeit und haben Sie Geduld!

Trockenzeit

Macarons brauchen je nach Wetterlage eine andere Trockenzeit. Die Luftfeuchtigkeit ist je nach Jahreszeit unterschiedlich und somit auch die Trockenzeit, aber sie sollte nie mehr als 40 Minuten betragen, sonst wird die Masse trocken und die Macaronböden werden hohl.

Wenn die Macarons schnell zebrechen

Wenn die Macarons eine sehr zerbrechliche Oberfläche haben, kann es daran liegen, dass die Eier (bzw. das Eiweiß) zu kalt waren. Man sollte für Macarons keine Eier aus dem Kühlschrank verwenden. Am besten lagern Sie die Eier für Macarons etwa 1 Woche in der Küche und nicht im Kühlschrank.

Für eine schöne Farbe

Sie müssen immer beachten, dass man das Eiweiß »weiß« schlägt. Das bedeutet, dass die Farbe, die man dazugibt, erstmal heller wird. Es gilt die Faustregel: das Eiweiß so lang schlagen, bis es 3-mal heller wird. Aus einem Rot wird immer ein Rosa. Möchte man ein Rot, muss man bereits zu Beginn mehr Lebensmittelfarbe hinzufügen.

Crème pâtissière

Warum muss ich Eigelbe und Zucker schlagen, bis sie weiß werden?

Die Mischung sollte eigentlich nicht komplett weiß sein. Im Prinzip soll das Eigelb schaumig werden, der Zucker sich etwas lösen und die Masse cremiger werden. Dies ist die Basis für viele Cremes. Anfangs ist die Masse beim Schlagen gelborange und wird dann ganz hellgelb.

Warum kann ich nicht die Eigelbmischung direkt in die kochende Milch einrühren?

Weil sonst das Eigelb gerinnt. Erst muss immer etwas heiße Milch mit der Eigelbmasse unter ständigem Rühren vermischt werden. Und erst dann kann die Masse zu der kochenden Milch in den Kochtopf. Das Hin und Her der Flüssigkeit kühlt die Milch im Kochtopf ein bisschen ab, sodass das Eigelb nicht gerinnt.

Wie lange und auf welcher Stufe sollte ich meine Creme schlagen?

Ich empfehle, die Creme auf mittlerer Hitze bei ständigem Rühren cremig zu schlagen. Sie müssen aber aufpassen, auch auf dem Boden des Kochtopfes gut zu schlagen, denn wenn nicht richtig gerührt wird, kann alles schnell am Topfboden anbrennen. Ich brauche in der Regel nicht mehr als vier bis maximal fünf Minuten, um meine Creme schön dickflüssig zu bekommen.

Warum legt man Frischhaltefolie auf die Creme?

So vermeidet man, dass die Creme eine Haut bildet. Beim Abkühlen wird die Creme fester. Dann kann man die Folie entfernen, ohne dass zu viel davon an der Folie kleben bleibt.

Brioche

Was muss ich für eine perfekte Brioche beachten?

- Alle Zutaten müssen kalt sein.
- Am Anfang immer langsam kneten und dann etwas schneller, bis die ganze Butter eingearbeitet ist.
- Mit einem feuchten Tuch abdecken und gehen lassen.
- Den Teig nicht zu lange gehen lassen. Nicht mehr als 40 Minuten. Sonst wird die Brioche beim Backen zusammenfallen.

Was bedeutet »dorer«, vergolden?

Die Goldbezeichnung gilt für die schöne, goldene Kruste des Gebäcks. Es bedeutet, die Gebäckstücke vor dem Backen mit 1 Eigelb und 2 Esslöffeln Milch einzupinseln. Das verleiht dem Gebäck eine schöne Bräunung. Manche Bäcker machen es in Frankreich einfach nur mit ein bisschen Milch oder mit einem ganzen Ei mit 1 Prise Salz und Wasser.

Brot

Wie kann ich frisches Brot zum Frühstück haben?

Nichts schmeckt besser als frisch gebackenes Brot. Es gibt verschiedene Möglichkeiten, backfrisches Brot auf den Frühstückstisch zu bringen:

- Das Brot am Tag vorher vorbereiten und die Nacht im Kühlschrank gehen lassen, um es dann früh am Morgen frisch backen zu können.
- Das frische Brot einfrieren, dann bei Bedarf herausnehmen, mit Wasser benetzen und im Backofen erwärmen.
- Den Teig vorbereiten, gehen lassen und dann einfrieren. Bei Bedarf auftauen lassen, 30 Minuten gehen lassen und dann im Backofen backen. Achtung: Der Teig muss komplett aufgetaut sein, was viel Zeit braucht. Am besten den Teig am Abend vorher auftauen lassen und früh nur einmal gehen lassen und anschließend backen.

Welches Mehl soll ich verwenden?

Das Mehl T65 ist das perfekte Weizenbrotmehl. Type 405 ist für kleines Gebäck und Pâtisserie gedacht. Type 550 ist in Deutschland eine gute Alternative zu T65.

Wo lasse ich meinen Teig am besten gehen?

Die letzte Gehzeit vor dem Backen sollte direkt auf dem Backblech (mit Backpapier) sein oder in einem Banneton (Backkorb) bzw. in einer Brotbackform, weil man den Teig so wenig wie möglich bewegen sollte.

Mein Teig zerläuft, wenn ich ihn zum Backen in Form bringe. Was mache ich falsch?

Der Teig enthält zu viel Wasser. Da kann man leider nicht mehr so viel machen – außer ihn in einer Form zu backen (Kastenform) oder kleinere Brötchen daraus zu formen.

Muss man den Backofen vorheizen oder nicht?

Wenn man den Backofen nicht vorheizt, kann man sogar einen Teig, der nicht fertig gegangen ist, backen. Dazu muss in den kalten Backofen immer ein Backblech mit 500 bis 800 Milliliter Wasser auf die unterste Schiene. Das Brot wird mithilfe der Luftfeuchtigkeit trotzdem gut aufgehen. In einen vorgeheizten Backofen darf allerdings nur vollständig aufgegangenes Brot. Für Sauerteigbrot sollte man auch den Backofen vorheizen, damit es eine schöne Kruste bekommt.

Was ist besser? Ober-/Unterhitze oder Umluft?

Es ist besser, wenn man Brot mit Umluft backt, weil sich die Luftfeuchtigkeit gleichmäßig im Backofen verteilt. Wenn Sie keine Umluftfunktion in Ihrem Backofen haben, einfach eine Metallschüssel mit Wasser auf ein Gitter auf der untersten Schiene des Backofens platzieren und bei Ober-/Unterhitze backen.

Warum werden zuerst Mehl und Wasser vermischt?

Werden das Mehl und das Wasser zu Beginn verrührt, heißt das »L'autolyse« – Autolyse – , bei der sich das Gluten und die Stärke verbinden. Der Teig wird fester, gewinnt an Elastizität und das Brot bekommt eine schöne Kruste. So kommt auch das Salz nicht direkt mit dem frischen Sauerteig (Seite 19) in Kontakt.

Macarons backe ich ohne Ende, und das seit sieben Jahren. Ich mag sie farbenfroh und nicht allzu süß.

Levain

SAUERTEIG

Seit einem Jahr pflege ich in meiner Küche eine neue Liebe: Maurice, mein Sauerteig. Ich habe eine sehr enge Beziehung zu ihm. Manchmal ist er schüchtern und es braucht viel Zeit, Geduld und Aufmerksamkeit, um ihn wieder in Stimmung zu bringen, und grundsätzlich macht er immer, was er will. Aber im Großen und Ganzen ist er zuverlässig, und ohne ihn würde mein Brot nicht so schön werden.

1. 100 Gramm Roggenvollkornmehl, 185 Gramm Wasser, Honig und Hefe mischen und 4 Stunden bei Zimmertemperatur in der Küche ruhen lassen. Der Sauerteig sollte eine Mousse geworden sein und sein Volumen verdoppelt haben.

2. Nach 4 Stunden den Sauerteig mit 40 Gramm Roggenvollkornmehl und 50 Gramm Wasser füttern. Weitere 4 Stunden ruhen lassen. Der Sauerteig sollte jetzt schaumig aussehen.

3. Dann mit 50 Gramm Weizenmehl T65 (oder Type 550) und 50 Gramm Wasser füttern und über Nacht in der Küche ruhen lassen.

4. Am nächsten Tag den Sauerteig mit 50 Gramm Roggenvollkornmehl und 50 Gramm Wasser erfrischen und 1 Stunde gehen lassen. Wenn das Volumen sich verdoppelt hat, ist der Sauerteig einsatzbereit.

5. Der Sauerteig kann im Kühlschrank aufbewahrt werden, muss aber vor jeder Verwendung 2 Stunden bei Zimmertemperatur lagern.

6. Den Sauerteig in ein großes Gefäß mit Deckel, z. B. in ein großes Einweckglas mit Bügeldeckel (1 Liter Fassungsvermögen), füllen und dieses auf einen tiefen Teller stellen. (So können Sie ihn sicher im Kühlschrank aufbewahren, weil der Sauerteig sehr oft überläuft.)

ZUTATEN

1. Schritt:

100 g Roggenvollkornmehl
185 g Wasser
15 g Honig
4 g frische Hefe

2. Schritt:

40 g Roggenvollkornmehl
50 g Wasser

3. Schritt:

50 g Weizenmehl T65 oder Type 550
50 g Wasser

4. Schritt:

50 g Roggenvollkornmehl
50 g Wasser

Petit déjeuner

FRÜHSTÜCK

Ich muss nicht in Frankreich sein, um gutes Baguette, Croissants und Brioche zu genießen. All das kann ich selbst backen, und es schmeckt genauso gut. Für mein Croissantrezept habe ich lange gebraucht und endlich ist es mit einer schönen Portion guter Butter perfekt geworden. Die Technik musste ich mehrmals ausprobieren, bis ich sie auch anderen erklären konnte. Bei den Brotrezepten musste ich auch ein bisschen üben. Ich hatte noch nie Sauerteig selbst gezüchtet und anfangs habe ich ihn bei unserem Lieblingsbäcker gekauft. Heute bereite ich ihn selbst zu. Was man dafür aber braucht, ist Zeit und Geduld. Letzteres habe ich nicht immer – deswegen liebe ich einfache und schnelle Rezepte. Man hat ja nicht immer fünf Stunden Zeit, um frisches Brot zu backen.

Croissants au chocolat

SCHOKOLADENCROISSANTS

So sieht mein perfektes Sonntagsfrühstück aus: Am gedeckten Frühstückstisch sitzen, das Croissant mit der dicksten Zuckergusskruste aussuchen, dazu eine riesengroße Tasse Kaffee oder heiße Schokolade und dann achtsam das erste Drittel des Croissants in das heiße Getränk tauchen. Einfach délicieux!

ZUTATEN FÜR 7 GROSSE ODER 12 KLEINE CROISSANTS

Für den Croissantteig:

30 g frische Hefe
310 ml Wasser
500 g Mehl Type 550 oder T65
1 TL Salz
60 g Zucker
250 g Butter
Mehl zum Bestäuben
1 Eigelb und 2 EL Milch zum Bepinseln

Für die Füllung:

1 Tafel Zartbitterschokolade

1. Die Hefe im Wasser auflösen. Mehl, Salz und Zucker mit der Hefemischung wie einen Brotteig kneten und 30 Minuten im Kühlschrank ruhen lassen.

2. Die Butter auf Backpapier legen. Das Backpapier als quadratischen Briefumschlag mit 18 bis 20 Zentimeter Kantenlänge um die Butter legen und die Butter mithilfe eines Nudelholzes im Backpapier quadratisch und gleichmäßig dick ausrollen. Anschließend 20 Minuten kühl stellen.

3. Auf der bemehlten Arbeitsfläche den Teig der Länge nach ausrollen. Er sollte doppelt so lang wie das Butter-Quadrat und dicker als dieses sein. Den Teig mit einem Brotstreicher vom Mehl befreien und in die obere Hälfte das Butter-Quadrat platzieren. Die untere Hälfte des Teiges nach oben klappen und auf allen Seiten verschließen. Es sollte so wenig Mehl wie möglich auf der Teigoberfläche sein, sodass der Teig gut zusammenkleben kann.

4. Jetzt fängt, wie man in der französischen Pâtisserie sagt, die »Tour« an. Es handelt sich um die Faltarbeit des Blätterteiges. Diese wird 4-mal vorgenommen.

5. Dem Teig eine Vierteldrehung geben und ihn der Länge nach ausrollen. Den Teig mit dem Brotstreicher vom Mehl befreien. Jetzt den Teig wie einen Brief zusammenfalten, also das untere Drittel auf die Mitte klappen. Dann den Teig von Mehl befreien und das obere Drittel ebenfalls auf der Mitte platzieren und von Mehl befreien. Ich drücke immer leicht einen Finger in die obere rechte Seite des Teiges, um mich zu erinnern, um welche Tour es sich handelt und wie der Teig positioniert war. Den Teig locker in Backpapier einschlagen und für 30 bis 40 Minuten in den Kühlschrank geben.

6. Dem Teig wieder eine Vierteldrehung geben, ihn der Länge nach ausrollen und von Mehl befreien, bevor man jedes Drittel auf die Mitte faltet. Dann 2 Fingerabdrücke auf die obere rechte Seite geben, den Teig in Backpapier einwickeln und für 30 bis 40 Minuten kühl stellen. Diesen Vorgang noch zweimal wiederholen, bis der Teig viermal getourt ist.

7. Jetzt ist der Blätterteig bereit. Den Croissantteig ausrollen und in 7 spitze Dreiecke schneiden. Je länger die Dreiecke, desto dicker werden die Croissants.

8. Ein Backblech mit Backpapier auslegen.

9. Jeweils einen Schnitt in die Mitte der Dreiecksbasis machen und je einen Riegel Schokolade in der passenden Länge quer über den Schnitt legen. Den Teig von der Schokoladenseite her aufrollen und die Croissants mit ausreichend Abstand auf das Backpapier setzen.

10. Anschließend die Croissants mit einem feuchten Tuch bedeckt 30 Minuten an einem warmen Ort gehen lassen.

11. Den Backofen auf 190 °C Umluft (Ober-/Unterhitze 210 °C, Gas Stufe 4) vorheizen.

12. Die Croissants mit einer Mischung aus 1 Eigelb und 2 Esslöffeln Milch bepinseln und im vorgeheizten Backofen bei 190 °C 25 bis 30 Minuten backen.

Variante **Die Croissants mit Zuckerguss überziehen und mit Schokostreuseln verzieren.**

Croissants aux amandes

MANDELCROISSANTS

Das sind die Lieblingscroissants meines Papas. Sie sind cremiger und weicher als Schokoladencroissants. In meiner Version verfeinere ich die Füllung, die Mandelcreme, mit ein paar Tropfen Orangenblütenaroma.

ZUTATEN FÜR 7 GROSSE ODER 12 KLEINE CROISSANTS

Für den Croissantteig:

1 Portion Croissantteig (Seite 22)

1 Eigelb und 2 EL Milch zum Bepinseln

Für die Mandelcreme:

60 g Butter

60 g Puderzucker

1 Ei (Größe M)

60 g gemahlene Mandeln

15 g Mehl

2-3 Tropfen Orangenblüten-Naturaroma

1. Den Croissantteig nach Rezept zubereiten.

2. Butter und Zucker in eine Rührschüssel geben und mit den Rührbesen des Handrührgeräts schlagen. Dann das Ei und die gemahlenen Mandeln zugeben. Zuletzt Mehl und Orangenblüten-Naturaroma unterrühren.

3. Den Croissantteig ausrollen und in 7 Dreiecke schneiden.

4. Ein Backblech mit Backpapier auslegen.

5. Jeweils einen Schnitt in die Mitte der Dreiecksbasis machen (siehe Bild Seite 23) und je 1 Esslöffel Mandelcreme daraufsetzen. Dann den Teig von der Basis her aufrollen und die Hörnchen mit ausreichend Abstand auf das Backpapier setzen.

6. Dann die Croissants mit einem feuchten Tuch bedeckt 30 Minuten an einem warmen Ort gehen lassen.

7. Den Backofen auf 190 °C Umluft (Ober-/Unterhitze 210 °C, Gas Stufe 4) vorheizen.

8. Die Croissants mit einer Mischung aus 1 Eigelb und 2 Esslöffeln Milch bepinseln und im vorgeheizten Backofen bei 190 °C 25 bis 30 Minuten backen.

Mein Tipp **Das Video zu diesem Rezept können Sie auf meinem Blog finden.**

Variante **Die Croissants aux amandes mit gerösteten gehobelten Mandeln bestreuen.**

Chaussons aux pommes

APFELTASCHEN

Immer wenn ich früh am Morgen mit meinem Papa auf dem Heimweg vom Bäcker war, konnte ich nicht widerstehen und habe oft von den noch warmen Apfeltaschen genascht. Sie schmeckten schön säuerlich und zart durch das Apfelmus. Ich backe meine Chaussons aux pommes auch gern mit karamellisierten Apfelstückchen oder zusätzlich auch mit Schokoladenstückchen.

1. Den Croissantteig nach Rezept zubereiten.

2. Die Äpfel schälen und ½ Apfel beiseitelegen. Die restlichen Äpfel klein schneiden und in einer Pfanne mit 50 Gramm Zucker und etwa 30 Gramm Butter anbraten. Dann 2 Esslöffel Wasser dazugeben und so lange kochen, bis ein Kompott entsteht. Mit Salz würzen.

3. Den ½ Apfel in größere Stückchen schneiden und kurz in 20 Gramm Zucker und 20 Gramm Butter anbraten und dazugeben.

4. Den Backofen auf 200 °C Umluft (Ober-/Unterhitze 220 °C, Gas Stufe 4-5) vorheizen. Ein Backblech mit Backpapier auslegen.

5. Den Blätterteig auf der bemehlten Arbeitsfläche ausrollen und 15 bis 16 Zentimeter große Kreise ausschneiden. Die Kreise auf das Backpapier legen und auf die Mitte (etwa auf die halbe Fläche der Kreise) jeweils 2 Esslöffel Kompott geben. Den Rand mit etwas Eigelb bepinseln, die Kreise zusammenklappen und den Rand vorsichtig andrücken.

6. Die Chaussons aux pommes mit einer Mischung aus dem restlichen Eigelb und 2 Esslöffeln Milch bepinseln, damit sie goldbraun werden. Zum Schluss mit einem scharfen Messer die Oberfläche der Apfeltaschen leicht anritzen.

7. Die Chaussons aux pommes im vorgeheizten Backofen bei 200 °C 25 Minuten backen.

ZUTATEN FÜR 12 APFELTASCHEN

Für den Croissantteig:

1 Portion Croissantteig (Seite 22)

Mehl zum Bestäuben

1 Eigelb

2 EL Milch zum Bepinseln

Für die Füllung:

3-4 Äpfel (ca. 300 g geschält, Braeburn, Pink Lady)

70 g Zucker

50 g gesalzene Butter

1 Prise Salz

Pains au chocolat

SCHOKOLADENBRÖTCHEN

Ob Croissant oder Pain au chocolat – der einzige Unterschied ist die Form. Der Teig wird auf die gleiche Art und Weise zubereitet und gefaltet wie ein Croissantteig. Für uns zu Hause bereite ich Pain au chocolat mit etwas weniger Zucker zu. Dazu passt ohne Probleme eine Tasse süßer, heißer Kakao.

ZUTATEN FÜR 15-16 PAINS AU CHOCOLAT

Für den Croissantteig:

30 g frische Hefe
310 ml Wasser
500 g Mehl Type 550 oder T65
1 TL Salz
30 g Zucker
200 g Butter
Mehl zum Bestäuben
1 Eigelb und 2 EL Milch zum Bepinseln

Für die Füllung:

150 g Zartbitterschokolade

1. Den Croissantteig nach Rezept (Seite 22) zubereiten.

2. Nach der letzten Tour den Teig auf der bemehlten Arbeitsfläche ausrollen und in 20 Zentimeter lange und 6 bis 8 Zentimeter breite Streifen schneiden. Die Schokolade in circa 15 Riegel zerteilen und jeweils 1 Riegel auf die untere Kante des Teigbandes legen und einrollen.

3. Ein Backblech mit Backpapier auslegen.

4. Die Pains au chocolat auf das Backpapier setzen und 30 bis 45 Minuten gehen lassen. (Sie brauchen etwas mehr Zeit, da sie mehr Teig haben und dicker sind.)

5. Den Backofen auf 190 °C Umluft (Ober-/Unterhitze 210 °C, Gas Stufe 4) vorheizen.

6. Die Pains au chocolat mit einer Mischung aus 1 Eigelb und 2 Esslöffeln Milch bepinseln und im vorgeheizten Backofen bei 190°C 30 bis 35 Minuten backen, bis sie goldgelb sind.

Mein Tipp Es tritt immer ein bisschen Butter aus Blätterteiggebäck aus, es sollte jedoch nicht zu viel sein. Wenn die Pains au chocolat oder Croissants nicht aufgehen und viel Butter verlieren, deutet es darauf hin, dass die Butter nicht richtig eingearbeitet wurde. Die Seiten des Teigs waren nicht richtig verschlossen und die Butter ist während der Tour (Faltarbeit) ausgetreten. Es kann auch sein, dass die Butter während der Tour zu weich geworden ist. In dem Fall muss der Teig so lange im Kühlschrank gekühlt werden, bis die Butter wieder ein bisschen fester geworden ist.

Escargots et cravates

SCHNECKEN UND KRAWATTEN

Diese beiden waren immer die Frühstücksfavoriten meines Papas. Ein mit zarter, weicher Creme und Rosinen gefüllter Croissantteig. Beides unterscheidet sich nur in der Form: Eines sieht wie das Haus einer Schnecke (Escargot) gerollt aus und das andere wie eine Krawatte (Cravate).

1. Den Blätterteig nach Rezept zubereiten.

2. Die Rosinen in Wasser mit etwas Orangenblütenwasser einweichen.

3. Für die Crème pâtissière Milch und Vanille in einen Topf geben und zum Kochen bringen. Eigelbe und Zucker in einer Rührschüssel mit den Rührbesen des Handrührgeräts schlagen, bis die Masse hellgelb wird. Dann das Mehl untermischen.

4. Die heiße Milch zur Eiermischung geben, verrühren und dann die Masse zurück in den Kochtopf gießen. Auf mittlerer Hitze erwärmen und dabei immer fleißig rühren, bis sie andickt. Die Crème pâtissière in eine Schüssel füllen und die Oberfläche mit Frischhaltefolie abdecken. Abkühlen lassen.

5. Den Blätterteig nach der letzten Tour auf der bemehlten Arbeitsfläche dünn ausrollen. Die Crème pâtissière auf den Teig streichen und mit den eingeweichten Rosinen bestreuen.

6. Ein Backblech mit Backpapier auslegen.

7. Für die Cravates aus dem Teig 50 Zentimeter lange und 3,5 Zentimeter breite Streifen schneiden. Jeweils die beiden Enden des Streifens nehmen, festdrücken und den Streifen drehen, sodass sie sich die typische gedrehte Form der Cravate ergibt.

8. Für die Escargots den Teig in 30 Zentimeter lange und 2 Zentimeter breite Streifen schneiden und jeweils wie eine Schnecke einrollen. Cravates und Escargots auf das Backpapier setzen und 30 Minuten gehen lassen.

9. Den Backofen auf 180 bis 185 °C Umluft (Ober-/Unterhitze 200 °C, Gas Stufe 3-4) vorheizen.

10. Escargots und Cravates mit einer Mischung aus 1 Eigelb und 2 Esslöffeln Milch bepinseln und im vorgeheizten Backofen bei 180 bis 185°C 30 Minuten backen.

ZUTATEN FÜR 10 ESCARGOTS UND 6-8 CRAVATES

Für den Croissantteig:

1 Portion Croissantteig (Seite 22)

Mehl zum Bestäuben

1 Eigelb und 2 EL Milch zum Bepinseln

Für die Füllung:

50 g Rosinen

3-4 EL Orangenblütenwasser

Für die Crème pâtissière:

250 ml Milch

1 Messerspitze Vanille

4 Eigelbe (Größe M)

50 g Zucker

20 g Mehl

Baguette

Die ganze Kunst liegt darin, dass die Mitte schön weich und locker bleibt und die Kruste schön knusprig wird. Für mich ist es wichtig, dass die Teigzubereitung inklusive Backzeit nicht länger als zwei Stunden dauert, sodass wir es auch am Sonntagmorgen genießen können. Ich habe viele Jahre experimentiert und kann Ihnen das perfekte Baguetterezept verraten.

ZUTATEN FÜR 3 BAGUETTES

500 g Mehl T65 oder Type 550
12 g Salz
1 Würfel frische Hefe
320 ml Wasser
Mehl zum Bestäuben

1. Das Mehl mit dem Salz in einer Rührschüssel mischen. Die Hefe im Wasser auflösen, dazugeben und 2 bis 3 Minuten mit den Händen zu einem geschmeidigen Teig kneten.

2. Den Teig in der zugedeckten Schüssel 20 Minuten gehen lassen. Dann auf der bemehlten Arbeitsfläche mit den Händen vorsichtig zu einem Quadrat ziehen. Den Teigfladen nun falten: Dafür jede der vier Seiten nacheinander überlappend zur Mitte hin falten. Anschließend das Teigpaket umdrehen und weitere 20 Minuten gehen lassen. Diesen Prozess 3-mal wiederholen.

3. Den Teig in 3 Portionen teilen und diese leicht in die Länge ziehen. Jedes Teigstück dann quer hinlegen und das untere Drittel hoch zur Mitte klappen. Die Naht nun mit den Fingern schließen, als würden Sie eine Bluse »zuknöpfen«. Das obere Drittel nach unten klappen und diese Seite ebenfalls »zuknöpfen«. Dann den länglichen Teig etwas in Form rollen. Die Teiglinge auf ein bemehltes Backleinen oder Leinentuch legen und 30 Minuten gehen lassen.

4. Den Backofen auf 200 °C Umluft (Ober-/Unterhitze 220 °C, Gas Stufe 4-5) vorheizen. Ein Backblech mit 500 Milliliter Wasser befüllen und in die unterste Schiene einschieben. Ein Backblech mit Backpapier auslegen.

5. Die Baguettes längs schräg anschneiden, auf das Backpapier setzen und im vorgeheizten Ofen bei 200 °C 30 Minuten backen.

Mein Tipp **Man kann sich die letzten 30 Minuten Gehzeit sparen, wenn man die Baguettes in den kalten Backofen einschiebt. (Ein Backblech mit Wasser kommt ebenfalls in die unterste Schiene.)**

Épi mit Dinkel

Seit fast zehn Jahren lebe ich jetzt in Deutschland und habe mich an das gesunde deutsche Brot sehr gewöhnt. Ich verwende mittlerweile sogar gern Dinkel- oder Roggenmehl in meinem Baguetterezept und verfeinere es mit Mohn, Leinsamen oder anderen Körnern. Ich esse zum Frühstück gerne ein Épi, von dem sich jeder einfach ein Stück abbrechen kann.

1. Beide Mehlsorten und das Salz in einer Rührschüssel mischen. Die Hefe und den Zucker in dem Wasser auflösen und zum Mehl geben. 3 bis 4 Minuten lang kneten, bis sich der Teig zu einer Kugel formen lässt. Den Teig anschließend 30 Minuten an einem warmen Ort gehen lassen.

2. Ein Backblech mit Backpapier auslegen.

3. Aus dem Teig auf der bemehlten Arbeitsfläche 2 oder 3 Kugeln formen, wie ein Baguette in die Länge rollen (siehe Seite 32) und in Mohnsamen wälzen. Auf das Backpapier legen und 30 Minuten gehen lassen.

4. Dann jeden Teigling mehrmals längs schräg mit einem Bäckermesser einschneiden und mit einer Schere quer dazu schräg von oben alle 4 bis 5 Zentimeter bis etwa zur Hälfte einschneiden. Jedes abgetrennte Stück Teig abwechselnd nach links und rechts drehen. So entsteht die besondere Form einer Ähre. Dann weitere 15 Minuten gehen lassen.

5. Ein Backblech mit 500 bis 800 Millilitern Wasser befüllen und in die unterste Schiene einschieben.

6. Die Épis in den kalten Backofen geben und bei 190 bis 200 °C Umluft (Ober-/Unterhitze 210 bis 220 °C, Gas Stufe 4-5) 35 Minuten goldbraun backen.

ZUTATEN FÜR 3 ÉPIS

400 g Weizenmehl T65 oder Type 550
100 g Dinkelmehl Type 630
10 g Salz
32 g frische Hefe
15 g Zucker
320 ml Wasser
Mehl zum Bestäuben
5-6 EL Mohn

Pain couronne

BROTKRANZ

Bei uns in Frankreich gibt es selten einzelne Brötchen, aber wir sind, was die Brotform angeht, sehr kreativ. Wie beim Épi, finde ich die Couronne-Form (ein Kranz) sehr praktisch. Ich backe ein Brot und jeder darf sich sein Brötchen selbst abzupfen. Ich liebe es auch, jede kleine Teigkugel mit anderen Körnern oder Nüssen zu verfeinern, sodass für jeden etwas dabei ist.

ZUTATEN FÜR 1 COURONNE

400 g Weizenmehl T 65 oder Type 550

100 g Weizenvollkornmehl T150 oder Type 1050 bzw. 812

12 g Salz

⅔ Würfel frische Hefe

18 g Zucker

320 ml Wasser

Mehl zum Bestäuben

2 EL Mohn

2 EL Leinsamen

2 EL Sesam

2 EL Haferflocken

2 EL Walnusskerne

1. Beide Mehlsorten und das Salz in einer Rührschüssel mischen. Die Hefe und den Zucker in dem Wasser auflösen und zugeben. Mit einem Löffel verrühren. Dann den Teig leicht mit den Händen 2 bis 3 Minuten kneten.

2. Den Teig auf der bemehlten Arbeitsfläche zu 8 bis 10 Kugeln formen und in jede ½ Teelöffel der gewünschten Kerne, Flocken oder Saaten einarbeiten. Anschließend jede Kugel in den entsprechenden restlichen Kernen wälzen und nebeneinander in eine bemehlte Savarinform oder Kranzform setzen. Mit einem Leinentuch abdecken und 30 bis 45 Minuten gehen lassen.

3. Ein Backblech mit Backpapier auslegen.

4. Das Pain couronne auf das Backpapier stürzen und ohne Backform 30 Minuten gehen lassen.

5. Den Backofen auf 200 °C Umluft (Ober-/Unterhitze 220 °C, Gas Stufe 4-5) vorheizen. Ein Backblech mit Wasser befüllen und in die unterste Schiene einschieben.

6. Das Pain couronne im vorgeheizten Backofen bei 200 °C 35 bis 40 Minuten backen.

Mein Tipp **Ohne Form geht's auch. Dann einfach die Brötchen kreisförmig auf das Backblech setzen und dort 30 bis 40 Minuten gehen lassen.**

Pain de campagne

BAUERNBROT

So backe ich mein Roggenbrot! Ich verwende ein bisschen weniger Sauerteig, sonst wird mir das Brot zu sauer. Maurice (mein Sauerteig, Seite 19) reagiert besonders gut auf diese Mehlmischung und mein Pain de campagne sieht immer fantastisch aus. Das Brot hält sich sehr gut, bis zu drei Tage.

ZUTATEN FÜR 1 BROT

350 g Weizenmehl T65 oder Type 550
150 g Roggenvollkornmehl
140 g Sauerteig (Seite 19)
280 ml Wasser
12 g Salz
Mehl zum Bestäuben

1. Beide Mehlsorten in einer Rührschüssel mischen. Sauerteig und Wasser zugeben und den Teig 3 bis 4 Minuten kneten. (Am besten geht das mit den Knethaken der Rührmaschine oder alternativ mit viel Ausdauer mit den Händen.) Den Teig mit einem feuchten Tuch abgedeckt bei Zimmertemperatur 30 Minuten bis 1 Stunde ruhen lassen.

2. Das Salz dazugeben und den Teig mindestens 5 Minuten kneten. An einem warmen Ort 30 Minuten gehen lassen.

3. Den Teig mit bemehlten Händen zu einer Kugel falten. Dafür immer eine Seite zur gegenüberliegenden Seite ziehen: die linke Seite nach rechts, die untere nach oben, die rechte nach links und die obere nach unten. Die Kugel umdrehen und mit einem feuchten Tuch abgedeckt bei Zimmertemperatur mindestens 1 Stunde ruhen lassen.

4. Ein Backblech mit Backpapier auslegen und leicht mit Mehl bestäuben. Den Teig ein weiteres Mal wie in Schritt 3 beschrieben falten. Dann leicht mit den Händen rollen, auf das Backpapier setzen, mit einem feuchten Tuch abdecken und 40 Minuten ruhen lassen.

5. Den Backofen auf 220 bis 230 °C Umluft (Ober-/Unterhitze 250 °C, Gas Stufe 6) vorheizen. Ein Backblech in die unterste Schiene einschieben.

6. Das Brot mit einem scharfen Messer einschneiden. Auf das untere Backblech 500 bis 800 Milliliter Wasser gießen. Dann sofort das Brot einschieben und die Tür schließen.

7. Die Temperatur auf 210 °C Umluft (Ober-/Unterhitze 230 °C, Gas Stufe 5) reduzieren und das Brot 25 bis 30 Minuten backen.

Mein Tipp **Man kann den Brotteig auch in einem Banneton (Brotbackkorb) eine ganze Nacht im Kühlschrank gehen lassen. (Vor der Weiterverarbeitung den Teig 40 bis 45 Minuten Zimmertemperatur annehmen lassen.)**

Pain aux céréales

MEHRKORNBROT

Mein Lieblingsbrot. Ich mag es zusammen mit Käse (französischem selbstverständlich!), aber auch mit Butter und Marmelade. Je nach Saison backe ich es mit Buchweizenmehl oder Kastanienmehl. Diese Mehle geben dem Brot eine besondere Note: herb oder süß. Ich verwende immer jeweils ein Viertel von jeder Mehlsorte – Dinkel, Roggen, Vollkornweizen und Buchweizen oder Kastanienmehl.

ZUTATEN FÜR 1 BROT

125 g Dinkelmehl Type 630
125 g Roggenmehl Type 1150
125 g Buchweizenmehl
125 g Weizenmehl T65 oder Type 550
160 g Sauerteig (Seite 19)
250 ml Wasser
13 g Salz
50 g Kerne (1 EL Sesam, 2 EL Dinkelflocken, 1 EL Sonnenblumenkerne, 1 EL Leinsamen)
Mehl zum Bestäuben

1. Die Mehlsorten in einer Rührschüssel mischen. Sauerteig und Wasser dazugeben und den Teig 3 Minuten kneten. Das Salz hinzufügen und 3 Minuten weiterkneten. Dann die Hälfte der Kernemischung dazugeben und unterkneten. Den Teig anschließend abgedeckt 40 Minuten bei Zimmertemperatur gehen lassen.

2. Den Teig auf der bemehlten Arbeitsfläche wie ein Päckchen falten (siehe Seite 39), umdrehen und mindestens weitere 40 Minuten gehen lassen. Alternativ den Teig mit einem feuchten Tuch abgedeckt über Nacht im Kühlschrank ruhen lassen.

3. Den Teig abermals wie ein Päckchen falten, in wenig Mehl wälzen und mit der glatten Seite nach oben in einen Banneton (Brotbackkorb) setzen. Weitere 1 ½ Stunden abgedeckt bei Zimmertemperatur ruhen lassen.

4. Ein Backblech mit Backpapier auslegen. Den Teig auf das Backpapier stürzen und weitere 30 Minuten gehen lassen.

5. Den Backofen auf 200 °C Umluft (Ober-/Unterhitze 220 °C, Gas Stufe 4-5) vorheizen. Ein Backblech mit Wasser befüllen und in die unterste Schiene einschieben. Das Brot sparsam mit Wasser anfeuchten oder besprühen und mit der restlichen Kernmischung bestreuen.

6. Das Pain aux céréales im vorgeheizten Backofen bei 200 °C 30 bis 35 Minuten backen.

Pains au lait

MILCHBRÖTCHEN

Pains au lait mag ich für zwischendurch und sie eignen sich auch prima zum Mitnehmen. Einfach halbieren und mit einem Stückchen Zartbitterschokolade füllen. Die Brötchen sind so schön weich und zart wie ein Kissen und sie sind so lecker! Zum Frühstück werden sie einfach mit Butter und Marmelade bestrichen.

ZUTATEN FÜR CA. 14 BRÖTCHEN

500 g Weizenmehl T65 oder Type 550
40 g Zucker
12 g Salz
½ Würfel frische Hefe
330 ml lauwarme Milch
75 g Butter
Mehl zum Bestäuben
1 Eigelb und 2 EL Milch zum Bepinseln
3 EL Hagelzucker zum Bestreuen

1. Mehl, Zucker und Salz in eine Rührschüssel geben und mischen. Die Hefe in der lauwarmen Milch auflösen, zugeben und 3 Minuten kneten. Dann die Butter in kleinen Stücken dazugeben und weiterkneten, bis die Butter komplett eingearbeitet ist.

2. Den Teig 20 Minuten an einem warmen Ort gehen lassen. Anschließend auf der bemehlten Arbeitsfläche zu circa 14 kleinen Brötchen (70 bis 80 Gramm) formen und abgedeckt weitere 20 Minuten gehen lassen.

3. Ein Backblech mit Backpapier auslegen. Ein zweites Backblech mit 500 Milliliter Wasser befüllen und in die unterste Schiene einschieben.

4. Die Brötchen auf das Backpapier setzen und mit einer Mischung aus 1 Eigelb und 2 Esslöffeln Milch bepinseln. Mit dem Hagelzucker bestreuen.

5. Die Pains au lait in den kalten Backofen einschieben und bei 180 °C Umluft (Ober-/Unterhitze 200 °C, Gas Stufe 3-4) 25 bis 30 Minuten backen.

Ma Brioche

Mein »Dauereinsatzrezept« habe ich über die Jahre hin verfeinert und backe es mindestens 2-mal die Woche. Ein so einfaches Rezept kann man schnell zubereiten und es hält sich über die ganze Woche. Ich habe die Menge an Fett inzwischen so weit reduziert, dass ich meine Scheibe mit reichlich Butter und Zuckerguss genießen kann!

ZUTATEN FÜR 1 BRIOCHE

250 ml Milch
1 Würfel Hefe
500 g Mehl Type 405
70 g Zucker
1 Ei (Größe M)
1 Messerspitze Vanille
60 g kalte Butter
Mehl zum Bestäuben
Butter für die Form
1 Eigelb und 2 EL Milch zum Bepinseln

1. Die Milch vorsichtig erwärmen. Die Hefe zerbröseln und in der Milch vollständig auflösen.

2. Das Mehl mit dem Zucker vermischen. Das Ei und die Vanille dazugeben und unterrühren. Die Hefe-Milch-Mischung hinzufügen und alles 3 Minuten in der Küchenmaschine kneten.

3. Wenn der Teig zu einer klebrigen und festen Masse geworden ist, die kalte Butter in Stückchen zugeben und weitere 5 Minuten kneten. (Wenn die Butter zu weich ist, kann es sein, dass der Teig zu klebrig und flüssig bleibt. Am besten gekühlte und feste, jedoch nicht zu harte Butter verwenden.) Der Teig sollte schön glatt, glänzend und elastisch sein.

4. Aus dem Teig 6 kleine Kugeln formen und nebeneinander in eine gefettete und bemehlte Kastenform setzen. Anschließend Minimum 20 Minuten abgedeckt bei Zimmertemperatur ruhen lassen.

5. Ein Backblech mit 1 Liter Wasser befüllen und in die unterste Schiene einschieben. Die Brioche mit einer Mischung aus 1 Eigelb und 2 Esslöffeln Milch bepinseln.

6. Die Brioche auf ein Backblech in den noch kalten Backofen geben und bei 190 bis 195 °C Umluft (Ober-/Unterhitze 210 °C, Gas Stufe 4) 25 bis 30 Minuten backen.

Variante **Ich überziehe die fertig gebackene Brioche gern mit einem Zuckerguss, den ich aus 150 Gramm Puderzucker und 1 bis 2 Esslöffeln Milch anrühre.**

Gâche

Weil Brioche auch mit viel Butter gebacken hervorragend schmeckt, verrate ich Ihnen hier ein gehaltvolleres Briocherezept, die Gâche. Ich bereite es am Samstagabend für den Sonntagmorgen zu. Um eine Gâche zu machen, braucht man Geduld und Fingerspitzengefühl. Ich liebe es, diesen Teig zu bearbeiten, weil man ihn so schön mit den Händen falten kann, da er glatt und geschmeidig ist.

1. Mehl und Salz in einer Rührschüssel mischen. Milch, Sahne und Orangenblütenwasser verrühren, die Hefe hineinbröckeln und auflösen. Die Flüssigkeit zum Mehl geben, die Eier hinzufügen und 5 Minuten kneten.

2. Vanille und Zucker peu à peu unter ständigem Kneten dazugeben. 5 Minuten kneten. Der Teig ist zuerst klebrig und wird dann elastisch. Die Butter in kleinen Stückchen hinzufügen und weitere 8 Minuten kneten, bis der Teig sich von den Schüssel löst.

3. Den Teig zu einer Kugel formen, in eine Schüssel geben und mit einem feuchten Tuch abgedeckt 2 Stunden bei Zimmertemperatur ruhen lassen.

4. Den Teig in 2 gleich große Kugeln teilen und auf der bemehlten Arbeitsfläche wie ein Päckchen falten: Die linke Seite nach rechts ziehen, die untere nach oben, die rechte nach links und die obere nach unten. Die Kugeln umdrehen und 1 bis 1 ½ Stunden mit einem feuchten Tuch abgedeckt ruhen lassen. (An dieser Stelle können Sie auch den Teig im Kühlschrank gehen lassen und am nächsten Tag fortfahren.)

5. Ein Backblech mit Backpapier auslegen. Die Teigkugeln auf das Backpapier setzen oder jeweils in eine Briocheform legen und 45 Minuten bis 1 Stunde gehen lassen.

6. Den Backofen auf 190 °C Umluft (Ober-/Unterhitze 210 °C, Gas Stufe 4) vorheizen. Ein Backblech mit Wasser befüllen und in die unterste Schiene einschieben.

7. Die Gâches mit einer Mischung aus Eigelb und Milch bepinseln und im vorgeheizten Backofen bei 190 °C 30 bis 35 Minuten backen.

ZUTATEN FÜR 2 GÂCHES

580 g Weizenmehl Type 405
8 g Salz
100 ml Vollmilch
115 g Sahne (Vollfett)
2 EL Orangenblütenwasser
1 Würfel frische Hefe
3 Eier (Größe M)
1 Messerspitze Vanille
110 g Zucker
110 g kalte Butter
Mehl zum Bestäuben
1 Eigelb und 3 EL Milch zum Bepinseln

Chinois

HEFESCHNECKEN

Zum Brunch, Frühstück, aber auch zum Kaffee sieht ein Chinois immer prachtvoll aus. Das Rezept ist wirklich sehr vielfältig. Ich rolle in den Teig auch gern frisches Obst, wie klein geschnittene Pflaumen oder Äpfel. Wichtig ist der Zuckerguss, der frisch sein muss und zerlaufen sollte, wenn man sich ein Stück wegschnappt.

ZUTATEN FÜR 1 CHINOIS (Ø 26 CM)

1 Portion Briocheteig (Seite 44)

Mehl zum Bestäuben

Butter für die Form

1 Eigelb und 2 EL Milch zum Bepinseln

Für die Füllung:

1 Portion Crème pâtissière (Seite 74)

100 g Schokolade

Für den Guss:

175 g Puderzucker

2 EL Milch

1. Den Briocheteig nach Rezept zubereiten und 30 Minuten an einem warmen Ort gehen lassen.

2. Die Crème pâtissière nach Rezept zubereiten, Frischhaltefolie auf die Oberfläche legen und abkühlen lassen.

3. Die Schokolade klein hacken.

4. Den Briocheteig auf der bemehlten Arbeitsfläche 0,5 bis 0,8 Zentimeter dünn ausrollen. Die abgekühlte Crème pâtissière aufstreichen. Mit den Schokoladenstückchen bestreuen. Den belegten Teig in 14 bis 15 Streifen à 5 bis 6 Zentimeter Breite schneiden und aufrollen. Die Rollen mit 2 bis 3 Zentimeter Abstand in eine gefettete Springform (ø 26 cm) setzen und 20 bis 30 Minuten an einem warmen Ort gehen lassen.

5. Den Backofen auf 180 °C Umluft (Ober-/Unterhitze 200 °C, Gas Stufe 3-4) vorheizen.

6. Den Chinois mit einer Mischung aus 1 Eigelb und 2 Esslöffeln Milch bepinseln und im vorgeheizten Backofen bei 180 °C 35 bis 40 Minuten backen.

7. Den Chinois vollständig abkühlen lassen, aus der Form lösen und auf eine Kuchenplatte setzen. Den Puderzucker mit der Milch verrühren und den Chinois mit dem Zuckerguss übergießen.

Brioche feuilletée

BLÄTTERTEIGBRIOCHE

Ein bisschen wie Croissant, aber noch weicher, so lecker schmecken diese kleinen Brioches. Beim Frühstück nimmt sich jeder eine und faltet sie auseinander, um sie mit Butter und Marmelade zu bestreichen.

ZUTATEN FÜR 15 BRIOCHES FEUILLETÉES

Für den Briocheteig (Seite 44):

500 g Mehl
100 g Zucker
1 Ei (Größe M)
60 g Butter
250 ml Milch
1 Würfel frische Hefe
Mehl zum Bestäuben

Für den Pâte feuilletée:

250 g Butter
Zucker zum Bestreuen
1 Eigelb und 2 EL Milch zum Bepinseln

1. Den Briocheteig nach Rezept zubereiten und 30 Minuten mit einem feuchten Tuch bedeckt gehen lassen.

2. Die Butter in 4 gleich große Stücke schneiden. Jedes Stück einzeln in so viel Backpapier einschlagen, dass 13 bis 14 Zentimeter große und flache Quadrate mit dem Nudelholz ausgewellt werden können (siehe Seite 22). Die gleichmäßig dünnen Butterblätter mindestens 20 Minuten im Kühlschrank kühl stellen.

3. Den Briocheteig in 5 gleich große Kugeln teilen und auf der bemehlten Arbeitsfläche jeweils zu einem 25 Zentimeter großen Quadrat ausrollen. Mit einem Pinsel vom überschüssigen Mehl befreien.

4. Eine Lage Briocheteig ausbreiten. Das erste Butterblatt vom Backpapier befreien und in der Mitte platzieren. Eine Lage Briocheteig darauflegen und darauf eine Lage Butter usw., bis Teig und Butter aufgebraucht sind. Jede Teiglage muss von überschüssigem Mehl mit einem Brotstreicher befreit werden. Den Briocheteig an den Seiten mit den Fingern festdrücken. Die Butter muss gut in dem Teig eingeschlossen sein. Überschüssigen Teig an den Seiten wegschneiden.

5. Auf der bemehlten Arbeitsfläche den Teig mit einem Nudelholz in die Länge (nicht in die Breite) ausrollen. Mit einer Bürste das Mehl entfernen und das untere Drittel auf die Mitte falten. Das Mehl abbürsten und das obere Drittel auf die Mitte falten. Dann den Teig locker in Backpapier einwickeln und 30 Minuten kühl stellen.

6. Den Teig maximal 1 Zentimeter dünn ausrollen und in 20 Zentimeter lange Streifen schneiden. Nach Geschmack mit Zucker bestreuen und einrollen. Die Rollen in 8 bis 10 Zentimeter große Silikon-Muffinförmchen geben und 30 Minuten gehen lassen.

7. Den Backofen auf 180 °C Umluft (Ober-/Unterhitze 200 °C, Gas Stufe 3-4) vorheizen.

8. Die Brioches feuilletées mit einer Mischung aus Eigelb und Milch bepinseln im vorgeheizten Backofen 30 bis 35 Minuten backen.

Cramique

ROSINENBRIOCHE

Hier habe ich noch ein weiteres Briocherezept für Sie. Die Cramique sieht immer sooo appetitlich aus! So schön üppig, dass man den Eindruck hat, sie würde aus der Briochebackform platzen. Ich habe immer gleich große Lust reinzubeißen.

1. Die Hefe zerbröckeln und in der Milch auflösen. Mehl, Salz, Zucker und Eier in einer Rührschüssel mischen und die Hefe-Milch dazugeben. Mit den Knethaken der Rührmaschine so lange kneten, bis der Teig sich von der Schüssel löst.

2. Dann die Butter in kleinen Stücken zugeben und einarbeiten. 8 Minuten kneten. Zuletzt Rosinen und Hagelzucker hinzufügen. Anschließend den Teig abgedeckt 1 Stunde bei Zimmertemperatur ruhen lassen.

3. Den Teig halbieren und jede Kugel auf der bemehlten Arbeitsfläche wie einen Brotteig falten: die Kugeln leicht platt drücken, die rechte Seite zur Mitte falten, die linke Seite darauflegen, dann die untere Seite hochklappen und die obere Seite zuletzt in die Mitte falten. Die Kugeln umdrehen, in 2 große gefettete Briocheformen geben und vor dem Backen weitere 45 Minuten gehen lassen.

4. Den Backofen auf 170 bis 175 °C Umluft (Ober-/Unterhitze 190 °C, Gas Stufe 3) vorheizen.

5. Die Cramiques mit einer Mischung aus 1 Eigelb und 3 Esslöffeln Milch bepinseln und mit Hagelzucker bestreuen. Im vorgeheizten Backofen bei 170 bis 175 °C 30 bis 35 Minuten backen.

Mein Tipp **Die letzte Ruhezeit kann man verkürzen, indem man die Cramiques nur 20 Minuten gehen lässt und dann in den kalten Backofen einschiebt. Auf die unterste Schiene kommt ein mit 500 Milliliter Wasser gefülltes Backblech. Bei der Variante ohne Vorheizen beträgt die Backtemperatur 180 °C Umluft und die Backzeit 40 Minuten.**

Variante **Ich liebe Cramique auch mit Schokoladenstückchen und heißem Apfelkompott.**

ZUTATEN FÜR 2 CRAMIQUES

⅔ Würfel frische Hefe
200 ml Milch
500 g Weizenmehl Type 405 oder 550
1 TL Salz
150 g Zucker
2 Eier (Größe M)
180 g kalte Butter
125 g Rosinen
75 g Hagelzucker
Mehl zum Bestäuben
Butter für die Form
1 Eigelb und 3 EL Milch zum Bepinseln
Hagelzucker zum Bestreuen

Pâtisserie

GEBÄCK

Einmal in der Woche besuchte ich als Kind mit meinem Papa gegen 16 Uhr einen »Salon de thé« (Konditorei/Café), um dort eine kleine Pâtisserie zu genießen. Er wählte immer eine Mille-feuille und ich eine Religieuse (Chocolat-Vanille).
Ich habe immer zuerst die Schokoladenkugel gegessen und dann die mit Buttercreme. Bei dem Rest hat mein Papa immer fleißig mitgelöffelt.
Ich bin noch heute begeistert von den französischen Pâtisserievitrinen, die das Sortiment in seiner ganzen Pracht zeigen: Da gibt es alle Arten von Tartelettes, Éclairs, Religieuses, Millefeuilles oder Baisers. Kleine Kunstwerke in edler Verpackung! Ich kann mich nie entscheiden, welche ich naschen möchte.

Choux à la crème au caramel au beurre salé

WINDBEUTEL MIT KARAMELLCREME

Les choux à la creme – ganz simpel mit Schlagsahne – finde ich schon gut, doch Choux mit Schokolade oder Salzbutter-Karamell-Creme sind ein Traum. Ich mag sie schön klein, damit ich auf jeden Fall zwei essen kann.

ZUTATEN FÜR 15-18 CHOUX

Für die Crème pâtissière au caramel au beurre salé:

250 ml Milch
100 g Zucker
4 Eigelbe (Größe M)
35 g Mehl
100 g Butter
1 Prise Salz
⅓ Portion Crème de caramel au beurre salé (Seite 117)

Für den Craquelin:

50 g Butter
50 g Rohzucker
50 g Mehl
Lebensmittelfarbe nach Geschmack

1. Für die Crème pâtissière au caramel au beurre salé die Milch in einem Topf zum Kochen bringen. Währenddessen in einem kleinen Topf 50 Gramm Zucker schmelzen lassen, bis er die Farbe von Karamell hat. Langsam die heiße Milch auf das Karamell gießen – vorsichtig, das kann spritzen! Die Milch aufkochen und rühren, bis sich alle Stückchen aufgelöst haben.

2. In einer Schüssel die Eigelbe mit dem restlichen Zucker hellgelb schlagen. Dann das Mehl dazugeben und weiterrühren. Die Milch langsam auf die Eigelbmasse gießen und dabei immer fleißig schlagen, bis die Eiermasse sich in der Milch aufgelöst hat. Die Milch zurück in den Topf füllen und bei schwacher Hitze rühren, bis die Crème andickt. Vom Herd nehmen, 30 Gramm Butter und das Salz dazugeben und rühren, bis die Crème homogen wird. Die Oberfläche der Crème mit Frischhaltefolie abdecken und 10 Minuten abkühlen lassen. Dann die restlichen 70 Gramm Butter mit den Rührbesen des Handrührgeräts cremig rühren. Esslöffelweise Crème zugeben und immer weiterschlagen, bis die Crème schön fluffig wird. Kalt stellen.

3. Die Crème au caramel au beurre salé nach Rezept zubereiten.

4. Für den Craquelin alle Zutaten verkneten. Dann den Teig zwischen zwei Backpapierblättern 2 bis 4 Millimeter dünn ausrollen und 30 Minuten kühl stellen.

5. Für den Pâte à choux in einem Topf Wasser, Milch, Zucker und Butter erhitzen, bis der Zucker und die Butter geschmolzen sind. (Achtung: nicht kochen!) Dann das Mehl dazugeben und mit einem Holzlöffel rühren. Der Teig ist zuerst ein dicker Brei und unter ständigem Rühren wird er zu einem festen, zähen Teig.

6. Den Teig in eine Schüssel umfüllen und mit den Rührbesen des Handrührgeräts ein Ei nach dem anderen einarbeiten. Vanille zugeben und so lange rühren, bis der Teig schön cremig und fest wird.

7. Den Backofen auf 180 °C Umluft (Ober-/Unterhitze 200 °C, Gas Stufe 3-4) vorheizen. Ein Backblech mit Backpapier auslegen.

8. Den Teig in einen Spritzbeutel mit 20-Millimeter-Lochtülle füllen und 5 Zentimeter dicke Bällchen auf das Backpapier spritzen.

9. Etwa 4 Zentimeter große Kreise aus dem Craquelinteig ausstechen und mittig auf die Windbeutel legen.

10. Die Choux im vorgeheizten Backofen bei 180 °C 30 bis 40 Minuten backen. Einen Holzlöffel in die Backofentür klemmen, damit durch die Ofentür Feuchtigkeit entweichen kann.

11. Die Crème pâtissière in einen Spritzbeutel mit großer Sterntülle (5 Zähne) füllen. Jeweils die Deckel der abgekühlten Choux abschneiden und die Choux mit Crème pâtissière füllen. Darauf jeweils 1 bis 2 Teelöffel Crème de caramel au beurre salé geben. Denn die Choux mit etwas Crème pâtissière verzieren. Als Krönung kommt der kleine Deckel wieder obendrauf.

Mein Tipp **Der Teig kann im Kühlschrank in einer verschließbaren Dose aufbewahrt werden. Die fertig gebackenen Choux halten sich besser, wenn man sie nach dem Spritzen 15 bis 20 Minuten antrocknen lässt.**

Für den Pâte à choux (Windbeutel-Basisteig):

100 ml Wasser

100 ml Milch

3 EL Zucker

90 g Butter

100 g Mehl

3 Eier (Größe M)

1 Messerspitze Vanille

1 Eigelb und 2 EL Milch zum Bepinseln

Das Foto zu diesem Rezept finden Sie auf der Seite 58.

»Choux à la crème au caramel au beurre salé«
Das Rezept zu diesem Foto finden Sie auf Seite 56.

»Religieuses«
Das Rezept zu diesem Foto finden Sie auf Seite 60.

Religieuses

Ich liebe diese hübschen Damen! Und ich liebe es, wenn ich beim Naschen zwei Geschmacksrichtungen genießen kann, wie hier Himbeere und Pistazie. In meinem Blog können Sie noch mehr Varianten finden: mit Rosen und Himbeeren, Ananas und Verveine sowie die traditionelle Variante mit Schokolade. Ich mag es immer bunt und fruchtig. Die Pistaziencreme muss man einfach ausprobiert haben. Ich setze sie auch öfter als Füllung für Éclairs ein.

ZUTATEN FÜR 6-7 RELIGIEUSES

Für die Crème pâtissière à la pistache:

120 ml Milch

2 Eigelbe (Größe M)

25 g Zucker

10 g Mehl

1 TL Pistazienpaste

Für die Himbeermousse:

140 g Himbeerpüree

50 g Zucker

½ TL Agar-Agar

160 g Sahne

Für den Pâte à choux:

1 Portion Brandteig (Seite 56)

1 Eigelb und 2 EL Milch zum Bepinseln

1. Für die Crème pâtissière die Milch in einen Topf geben und zum Kochen bringen. Eigelbe und Zucker in einer Rührschüssel mit den Rührbesen des Handrührgeräts schlagen, bis die Masse hellgelb wird. Dann das Mehl und die Pistazienpaste untermischen. Die heiße Milch zur Eiermischung geben, verrühren und dann die Masse zurück in den Kochtopf gießen. Die Creme auf mittlerer Hitze erwärmen, bis sie dickflüssig ist, dann in eine Schüssel füllen und die Oberfläche mit Frischhaltefolie abdecken. Abkühlen lassen.

2. Für die Himbeermousse das Himbeerpüree mit dem Zucker zum Kochen bringen, bis der Zucker sich komplett aufgelöst hat. Dann Agar-Agar einrühren und 30 Sekunden bis 1 Minute kochen lassen. Die Sahne steif schlagen und vorsichtig unter die abgekühlte Masse heben. 40 Minuten kalt stellen.

3. Den Backofen auf 180 °C Umluft (Ober-/Unterhitze 200 °C, Gas Stufe 3-4) vorheizen. 2 Backbleche mit Backpapier auslegen.

4. Für den Pâte à choux den Teig nach Rezept zubereiten. Den Teig in einen Spritzbeutel mit 20-Millimeter-Lochtülle füllen und auf das Backpapier etwa 5 Zentimeter große Bällchen (35 Gramm) und auf ein weiteres Backblech 3 Zentimeter große Bällchen (13 Gramm) spritzen. Zuerst die großen Bällchen 30 Minuten, dann die kleinen 20 Minuten im vorgeheizten Backofen bei 180 °C backen. Jeweils einen Holzlöffel in die Ofentür klemmen.

5. Für die Crème au beurre à la meringue à l'italienne den Zucker mit dem Wasser zum Kochen bringen, bis 110 °C erreicht sind. Das Eiweiß mit den Rührbesen des Handrührgeräts schlagen. Wenn der Zucker 117°C erreicht hat, die flüssige Masse in einem dünnen Strahl in das schaumige Eiweiß gießen und 3 Minuten lang weiterschlagen, bis die Baisermasse fest ist und glänzt.

6. Dann die Butter in einer zweiten Schüssel mit den Rührbesen des Handrührgeräts cremig rühren. Die Baisermasse dazugeben und 2 Minuten lang schlagen. Die Textur ist am Anfang klumpig, wird dann aber cremig. Die Creme 20 Minuten in den Kühlschrank stellen.

7. Die abgekühlten Choux am Boden etwas aufschneiden. Die beiden Füllungen jeweils in einen Spritzbeutel füllen. Die großen Choux mit der Crème pâtissière und die kleinen Choux mit Himbeermousse befüllen.

8. Für den Guss jeweils 100 Gramm Puderzucker mit Milch anrühren und rot und grün einfärben. Die obere Seite der Choux damit verzieren und trocknen lassen.

9. Mithilfe einer Sultane-Tülle die Crème au beurre jeweils auf einen dickeren Choux spritzen und obenauf einen kleineren, gefüllten und mit Zuckerguss verzierten Choux platzieren.

Mein Tipp **Für Pistazienpaste einfach 250 g Pistazienkerne, 30 ml Wasser, 70 g gemahlene Mandeln, 2 Esslöffel Rapsöl und 1 kleine Messerspitze Vanille im Mixer fein pürieren. Die Creme kann bis zu 3 Wochen in einem Glas im Kühlschrank aufbewahrt werden.**

Für die Crème au beurre à la meringue à l'italienne:

75 g Zucker

15 g Wasser

45 g Eiweiß

100 g zimmerwarme Butter

Für den Guss:

200 g Puderzucker

2-3 EL Milch

je 1 Messerspitze grüne und rote Lebensmittelfarbe

Das Foto zu diesem Rezept finden Sie auf Seite 59.

Éclairs

Die Éclairs au chocolat sind die liebsten meines Sohnes. Aber es gibt sie auch in vielen anderen Geschmacksrichtungen und es ist sehr schwierig, sich für eine zu entscheiden. In Paris sind Éclairs eine echte Trend-Pâtisserie geworden und man füllt sie mit Creme-Spezialitäten, wie beispielsweise »Tarte au citron-Éclair« oder »Paris-Brest-Éclair«. Da man aber immer die Technik beherrschen muss, gebe ich Ihnen Tipps, und Sie können dann Ihre Éclairs selbst gestalten.

ZUTATEN FÜR 9-10 ÉCLAIRS

Für die Füllung:

380 ml Milch

2 TL löslicher Kaffee oder 1 Messerspitze Vanille oder 1 guter TL Pistazienpaste zum Aromatisieren
ODER
200 g Zartbitterschokolade (70 %)

5 Eigelbe (Größe M)

65 g Zucker

25 g Mehl

1 Messerspitze Vanille

Für den Pâte à choux:

1 Portion Brandteig (Seite 56)

1 Eigelb und 2 EL Milch zum Bepinseln

Für den Guss:

175 g Puderzucker

2 EL Milch

3 EL Kakaopulver oder 1 TL gehackte Pistazienkerne und 1 Messerspitze grüne Lebensmittelfarbe in Pulverform oder 1 Messerspitze Vanille

1. Für die Füllung die Milch leicht erhitzen. Falls Sie die Creme mit Kaffee, Vanille oder Pistazie aromatisieren möchten, kommt eine dieser Zutaten jetzt in die Milch. (Dann entfällt Schritt 3.)

2. Die Eigelbe mit dem Zucker hellcremig schlagen. Das Mehl und die Vanille dazugeben und glatt rühren. (Wenn Sie die Milch mit Kaffee, Vanille oder Pistazie aromatisiert haben, geben Sie allerdings keine zusätzliche Vanille hinzu.) Die warme Milch zugeben und so lange rühren, bis sich alles gut verbunden hat. Die Masse in einen Kochtopf geben und auf mittlerer Hitze so lange fleißig schlagen, bis die Creme andickt.

3. Die Schokolade klein hacken. Wenn die Creme fest ist, die Schokolade zugeben. So lange rühren, bis die Schokolade geschmolzen ist.

4. Die Creme in eine Schüssel füllen, die Oberfläche mit Frischhaltefolie abdecken und vollständig abkühlen lassen.

5. Für den Pâte à choux den Teig nach Rezept zubereiten. Den Backofen auf 170 °C Umluft (Ober-/Unterhitze 190 °C, Gas Stufe 3) vorheizen. Ein Backblech mit Backpapier auslegen.

6. Den Teig in einen Spritzbeutel mit 14-Millimeter-Sterntülle füllen und 12 bis 13 Zentimeter lange Streifen auf das Backpapier spritzen. 15 Minuten trocknen lassen. Dann mit einer Mischung aus 1 Eigelb und 2 Esslöffeln Milch bepinseln und 30 bis 35 Minuten bei 170 °C backen. Einen Holzlöffel in die Backofentür klemmen.

7. Den Boden der abgekühlten Éclairs an zwei Stellen anschneiden. Die Creme in einen Spritzbeutel füllen und hineinspritzen. Die Éclairs im Kühlschrank 20 bis 30 Minuten ziehen lassen.

8. Für den Guss jeweils Puderzucker mit Milch und den entsprechenden Zutaten verrühren und die Éclairs damit verzieren.

Paris-Brest

Dieser fein gefüllte Kuchen schmeckt einfach köstlich. In nur einer Portion kommt man in den Genuss von zwei herrlichen Füllungen. Die Ganache au praliné ist mein Favorit – sie schmeckt einfach zu verführerisch.

ZUTATEN FÜR 1 GROSSE BACKFORM (Ø 26 CM) ODER 6-7 KLEINE

Für die Praliné:

50 g Mandeln
50 g Haselnusskerne
100 g Zucker

Für die Crème mousseline au praliné:

125 g Praliné (siehe oben)
250 ml Milch
4 Eigelbe (Größe M)
25 g Zucker
2 EL Mehl
250 g kalte Butter

Für die Ganache au praliné:

75 g Zartbitterschokolade
50 g Praliné
75 g Sahne

1. Den Backofen auf 200 °C Umluft (Ober-/Unterhitze 220 °C, Gas Stufe 4-5) vorheizen. Ein Backblech mit Backpapier auslegen.

2. Für die Praliné die Mandeln und Nüsse auf dem Backpapier ausbreiten und im Backofen 3 bis 4 Minuten bei 200 °C rösten. Den Zucker in einem Topf erhitzen und schmelzen lassen. Wenn das Karamell goldbraun ist, die angerösteten Nüsse dazugeben. Die Nussmasse auf einem Backpapier abkühlen lassen, dann zerbrechen und 2 Esslöffel davon für den Brandteig zur Seite stellen. Den Rest in einen Mixer geben und mixen, bis die Masse sehr fein püriert ist und eine cremige Konsistenz hat. (Diese Paste kann in einer Dose bis zu 3 Monaten aufbewahrt werden. Sie wird als Basisgeschmack für Cremes und Gebäck wie die Financiers oder auch für Eis verwendet.)

3. Für die Crème mousseline au praliné die Milch in einem Kochtopf erwärmen und darin 125 Gramm Praliné auflösen. Die Eier trennen. Eigelbe und Zucker hellcremig schlagen, dann das Mehl dazugeben und die warme Praliné-Milch unter ständigem Rühren dazugießen. Die Flüssigkeit wieder in den Kochtopf zurückgießen und bei schwacher bis mittlerer Hitze erwärmen, dabei immer fleißig rühren, bis die Creme andickt.

4. Die Crème mousseline zum Abkühlen in eine Schüssel füllen und die Oberfläche mit Frischhaltefolie abdecken. Wenn die Creme ungefähr 20 bis 23 °C erreicht hat, die Butter mit einem Schneebesen in kleinen Stückchen unterrühren, bis sie sich komplett aufgelöst hat. Mit Frischhaltefolie abdecken und 30 Minuten kühl stellen.

5. Für die Ganache au praliné die Schokolade hacken. Die Sahne in einen Topf geben, erhitzen, die Schokolade hinzufügen und langsam schmelzen lassen. Dann 50 Gramm Praliné dazugeben und rühren, bis es sich komplett aufgelöst hat. Kalt stellen, bis sie schön fest ist.

6. Ein Backblech mit Backpapier auslegen.

7. Den Pâte à choux nach Rezept zubereiten, in einen Spritzbeutel mit großer Sterntülle füllen und einen Ring von 22 bis 24 Zentimeter Durchmesser auf das Backpapier spritzen. (Ich spritze nicht einen dicken Kranz, sondern, um mehr Stabilität zu bekommen, 3 Ringe.) Dann den 2. Ring in den ersten spritzen und einen weiteren obenauf platzieren. Mit 2 Esslöffeln der beiseite gestellten Nuss-Mandel-Mischung bestreuen. 15 Minuten antrocknen lassen.

8. Den Backofen auf 175 bis 180 °C Umluft (Ober-/Unterhitze 200 °C, Gas Stufe 3-4) vorheizen.

9. Den Kuchen im vorgeheizten Backofen bei 175 bis 180 °C 50 bis 55 Minuten backen. (Kleine Paris-Brest brauchen 35 bis 40 Minuten.) Währenddessen einen Holzlöffel in die Backofentür klemmen.

10. Den Windbeutelring quer halbieren. Die Ganache au praliné in einen Spritzbeutel mit Lochtülle und die Crème mousseline in einen mit großer Sterntülle füllen. Auf den Boden zuerst ein wenig Crème mousseline spritzen. Darauf einen Ring Ganache au praliné setzen und dann die restliche Crème mousseline als große Welle auf die beiden Cremes spritzen.

11. Den Deckel vorsichtig daraufsetzen und den Paris-Brest im Kühlschrank 30 bis 45 Minuten ziehen lassen. Der Kuchen ist im Kühlschrank 2 bis 3 Tage haltbar.

Für den Pâte à choux (Seite 56):

100 ml Milch
100 ml Wasser
80 g Butter
3 EL Zucker
90 g Mehl
3 Eier (Größe M)

Das Foto zu diesem Rezept finden Sie auf Seite 67.

»Paris-Brest«
Das Rezept zu diesem Foto finden Sie auf Seite 64.

Mille-feuilles

Das Lieblingsgebäck meines Papas! Für mich ist der Deckel mit dem Zuckerguss immer das Beste daran. Der Blätterteig knackt schön unter der Gabel und mischt sich perfekt mit der luftigen Crème mousseline.

ZUTATEN FÜR
10 MILLE-FEUILLES

Für den Pâte feuilletée:

500 g Mehl

5 g Salz

80 g Zucker

320 ml Wasser

450 g Butter

Mehl zum Bestäuben

30–40 g Puderzucker zum Bestäuben

Für die Crème mousseline à la vanille:

340 ml Milch

2 Messerspitzen Vanille

5 Eigelbe (Größe M)

70 g Zucker

50 g Mehl

280 g kalte Butter

Für den Guss:

100 g Schokolade

200 g Puderzucker

2-3 EL Milch

1. Für den Blätterteig Mehl, Salz, Zucker und Wasser so lange kneten, bis sich der Teig von der Schüssel löst und geschmeidig wird. Den Teig in 4 Touren wie auf Seite 22 beschrieben falten und kalt stellen.

2. Ein Backblech mit Backpapier auslegen. Den Backofen auf 200 °C Umluft (Ober-/Unterhitze 220 °C, Gas Stufe 4-5) vorheizen.

3. Den Blätterteig auf der bemehlten Arbeitsfläche 4 bis 6 Millimeter dünn ausrollen, auf das Backpapier legen, mit einer Gabel anstechen, mit einem zweiten Stück Backpapier bedecken und ein zweites Backblech darauflegen. Bei 200 °C 20 bis 25 Minuten backen. Dann den Teig mit Puderzucker bestäuben und 2 Minuten mit der Grillfunktion backen, bis er goldbraun wird. Vollständig abkühlen lassen.

4. Für die Crème mousseline Milch und Vanille zum Kochen bringen. Eigelbe und Zucker mit den Rührbesen des Handrührgeräts hellcremig schlagen, dann das Mehl unterrühren. Die Milch hinzufügen und rühren, bis sich das Eigelb in der Milch aufgelöst hat. Zurück in den Topf geben und auf mittlerer Hitze rühren, bis die Creme andickt. Vom Herd nehmen und 80 Gramm Butterwürfel mit einem Schneebesen einarbeiten, bis sie geschmolzen sind. Restliche Butter cremig schlagen und peu à peu die lauwarme Creme zugeben und unterschlagen. Die Creme in eine Schüssel füllen, die Oberfläche mit Frischhaltefolie abdecken und 30 bis 45 Minuten kühl stellen.

5. Den Blätterteig in 3 x 10 Zentimeter große Vierecke schneiden. Man braucht 3 Blätterteigblätter pro Mille-feuille. Den schönsten Blätterteig für die Oberseite beiseitelegen. Die Crème mousseline in einen Spritzbeutel mit Lochtülle füllen, auf jeweils zwei Blätterteigblätter aufspritzen und diese aufeinanderstapeln.

6. Für den Guss die Schokolade schmelzen. Puderzucker und Milch glatt rühren. Die Blätterteigoberseiten mit Zuckerguss überziehen. Mit der Schokolade Streifen aufmalen und mit einem Zahnstocher die Streifen zu einem Muster zusammenziehen. Die Oberseiten auf die Mille-feuilles legen und diese innerhalb von 2 Stunden genießen.

Puits d'amour

LIEBESBRUNNEN

Der Name ist ein Gedicht – die Törtchen sind süß gefüllte kleine Brunnen. Ich mag die Mischung aus Cremigkeit, frischem Obst und knusprigem Blätterteig. Der beste Moment ist, wenn man die Oberfläche der Creme wie eine Crème brûlée karamellisiert! Es duftet dann in der ganzen Küche nach Karamell.

1. Für den Blätterteig Mehl, Salz, Zucker und Wasser so lange kneten, bis sich der Teig von der Schüssel löst und geschmeidig wird. Den Teig in 4 Touren wie auf Seite 22 beschrieben falten und anschließend kalt stellen.

2. Den Backofen auf 190 °C Umluft (Ober-/Unterhitze 210 °C, Gas Stufe 4) vorheizen. Ein Backblech mit Backpapier auslegen.

3. Den Blätterteig auf bemehlter Arbeitsfläche ½ Zentimeter dünn ausrollen. 4 Kreise und 8 Ringe à 7 bis 8 Zentimeter ausschneiden. 2 Ringe jeweils übereinander auf die Kreise stapeln und den Rand leicht andrücken, sodass sie fest sind. Auf das Backpapier legen, mit einer Mischung aus Eigelb und Milch bepinseln und mit Puderzucker bestäuben. Im vorgeheizten Backofen bei 190 °C 12 bis 15 Minuten backen. Beim Backen gehen die kleinen Kreise ungefähr 5 bis 6 Zentimeter hoch und sehen wie kleine Brunnen (Puit) aus.

4. Die Crème pâtissière nach Rezept zubereiten und statt der Vanille Tonkabohne verwenden. Anschließend abkühlen lassen.

5. Die Crème pâtissière à la tonka in einen Spritzbeutel füllen. Etwas Creme in die abgekühlten Puits spritzen, frische Himbeeren in die Mitte setzen und mit Creme bis zum Rand auffüllen.

6. Die Oberfläche der Creme mit Zucker bestreuen und mit einem Flambiergerät karamellisieren. Puits d'amour auf einem Teller mit frischen Beeren und Minzeblättchen dekorieren.

Mein Tipp **Aus den Teigresten backe ich halbe Ringe, die ich mit Karamell auf den Oberseiten der Brunnen festklebe.**

ZUTATEN FÜR 4 STÜCK

Für den Pâte feuilletée:

125 g Mehl
1,5 g Salz
20 g Zucker
80 ml Wasser
110 g Butter
1 Eigelb und 2 EL Milch zum Bepinseln
3 EL Puderzucker zum Bestäuben

Für die Crème pâtissière à la tonka (Seite 74):

125 ml Milch
⅓ geriebene Tonkabohne
2 Eigelbe (Größe M)
25 g Zucker
15 g Mehl

Für den Belag:

350 g Himbeeren (oder andere Beeren)
50 g Zucker
Minzeblättchen zum Dekorieren

Tartelettes au citron meringuées

ZITRONEN-BAISER-TARTELETTES

So leckere Tartelettes muss jeder mal probiert haben! Die Kombination aus Zitrone und Baiser ist einfach ein Traum. Das Baiser flambiere ich, sodass die Creme noch schön weich ist. Es ist so lecker, dass ich manchmal erst die ganze Creme weglöffle und dann zuletzt den Boden nasche.

ZUTATEN FÜR 9-10 TARTELETTES (Ø 7-8 CM):

Für den Pâte sablé:

250 g Mehl (Type 405)
125 g Butter
60 g Zucker
1 Ei (Größe M)
1 Messerspitze Vanille
Hülsenfrüchte zum Blindbacken

Für die Zitronencreme:

200 g Zitronensaft
200 g Zucker
75 g Butter
25 g Mehl (alternativ Speisestärke)
4 Eier (Größe M)

Für den Baiser:

2 Eiweiß
130 g Zucker

1. Den Backofen auf 180 °C Umluft (Ober-/Unterhitze 200 °C, Gas Stufe 3-4) vorheizen.

2. Für den Mürbeteig alle Zutaten so lange kneten, bis im Teig keine gelben oder weißen Marmorierungen mehr zu sehen sind. Den Teig 5 Millimeter dünn ausrollen und damit 8 Zentimeter große Tartelette-ringe auslegen. Den Teig mit einer Gabel mehrfach einstechen, mit Backpapier bedecken und mit Hülsenfrüchten befüllen. Im vorgeheizten Backofen bei 180 °C 10 Minuten backen. Dann Hülsenfrüchte und Backpapier entfernen und weitere 10 Minuten backen. Abkühlen lassen.

3. Für die Zitronencreme Zitronensaft, Zucker und Butter in einen Topf geben und langsam erhitzen, bis der Zucker und die Butter geschmolzen sind. Es sollte nicht kochen. 3 bis 4 Esslöffel in eine Schüssel geben und mit dem Mehl vermischen. Die Mischung wieder zurück in den Topf geben.

4. Die Eier in einer großen Schüssel mit einer Gabel verquirlen. Die heiße Zitronenmischung mit einem Schneebesen unter ständigem Rühren zugeben. Wenn alles gut vermischt ist, die Masse zurück in den Topf geben und bei mittlerer Hitze und unter ständigem Rühren erhitzen, bis die Masse cremig wird. Die Creme in eine Schüssel geben, ein Stück Frischhaltefolie auf die Oberfläche legen und abkühlen lassen.

5. Für das Baiser Eiweiß mit den Rührbesen des Handrührgeräts aufschlagen. Sobald sich Bläschen bilden, den Zucker peu à peu dazugeben und schlagen, bis die Masse cremig wird. Die Masse in einen Spritzbeutel mit Saint-Honoré-Tülle füllen.

6. Die Tartelettes mit der Zitronencreme befüllen und die Baisermasse aufspritzen. Ich bräune das Baiser mit einem Flambiergerät, weil es dann eine schöne Farbe bekommt. Man kann die Tartelettes aber auch im Backofen auf der obersten Schiene kurz bei 190 °C Farbe annehmen lassen.

Tarte aux fraises

ERDBEERTARTE

Meine »Wird-immer-gern-genommen-Tarte«! Egal, wer zur Besuch kommt, jeder liebt sie. Es ist gut, ein Rezept zu haben, bei dem ich immer sicher sein kann, dass es allen schmeckt. Ich bereite sie auch öfter mit Pistaziencreme zu und manchmal wird sie mit einer Kugel Vanilleeis serviert.

ZUTATEN FÜR 1 TARTE:

Für den Pâte sablé:

125 g Mehl Type 405
60 g Butter
30 g Zucker
½ Ei (35 g)
1 kleine Messerspitze Vanille
Mehl zum Bestäuben
Hülsenfrüchte zum Blindbacken

Für die Crème pâtissière:

250 ml Milch
1 Messerspitze Vanille
4 Eigelbe (Größe M)
50 g Zucker
30 g Mehl

Für den Belag:

30 g gehobelte Mandeln
350 g Erdbeeren

1. Den Backofen auf 180 °C Umluft (Ober-/Unterhitze 200 °C, Gas Stufe 3-4) vorheizen.

2. Für den Mürbeteig alle Zutaten so lange kneten, bis im Teig keine gelben oder weißen Marmorierungen mehr zu sehen sind.

3. Den Teig auf der bemehlten Arbeitsfläche 5 Millimeter dünn ausrollen, vorsichtig in die Tarteform legen und blindbacken. Dafür den Tarteboden mit Backpapier belegen und mit getrockneten Hülsenfrüchten bedecken. Im vorgeheizten Backofen bei 180 °C 10 Minuten backen. Dann Hülsenfrüchte und Backpapier entfernen und weitere 10 Minuten backen. Abkühlen lassen.

4. Für die Crème pâtissière Milch und Vanille in einen Topf geben und zum Kochen bringen. Eigelbe und Zucker in einer Rührschüssel mit den Rührbesen des Handrührgeräts schlagen, bis die Masse hellgelb wird. Dann das Mehl untermischen.

5. Die heiße Milch zur Eiermischung geben, verrühren und dann die Masse zurück in den Kochtopf gießen. Auf mittlerer Hitze erwärmen und dabei immer fleißig rühren, bis sie andickt.

6. Die Crème pâtissière auf den abgekühlten Tarteboden gießen und glatt streichen. Ein Stück Frischhaltefolie auf die Oberfläche legen und die Crème abkühlen lassen.

7. Die Mandeln in einer Pfanne kurz anrösten. Die Erdbeeren waschen, putzen und vierteln. Die Tarte mit den Erdbeeren belegen. Kurz vor dem Servieren die Tarte aux fraises mit den gerösteten Mandeln bestreuen.

Variante **Ich mag diese Tarte auch mit Crème pâtissière à la pistache (Seite 60). Einfach statt der Vanille 1 Teelöffel Pistazienpaste verwenden. Zum Verfeinern kann man auch 40 Gramm gemahlene Mandeln zusätzlich in den Teig geben.**

Macarons à l'ancienne (glutenfrei)

TRADITIONELLE MACARONS

Als ich noch ein Kind war, gab es nur dicke und braune Macarons in der Pâtisserie. Die habe ich immer in Nancy gegessen und auch mal in Saint Emilion. Zu Hause wurden sie auch mal mit Mandeln, aber auch mit Kokos oder Haselnuss gebacken. Sie schmecken sehr nussig und schön nach Karamell, kleben leicht an die Zähnen. Ich nasche sie gern am Abend mit einer Tasse Tee und einem guten Buch.

ZUTATEN FÜR 18 STÜCK

80 g Zucker
175 g gemahlene Mandeln
15 g Honig
2 Eiweiß
50 ml Sauternes (Muskatwein)
60 g Puderzucker

1. Zucker, Mandeln, Honig, 1 Eiweiß und die Hälfte des Weins in einen Topf geben, zum Kochen bringen und köcheln lassen, bis die Masse cremig und fest wird.

2. Dann den restlichen Wein hinzufügen und bei schwacher Hitze 4 bis 5 Minuten unter ständigem Rühren köcheln lassen. (Aufpassen, dass die Masse nicht am Topfboden kleben bleibt!)

3. Den Backofen auf 175 bis 180 °C Umluft (Ober-/Unterhitze 200 °C, Gas Stufe 3-4) vorheizen. Ein Backblech mit Backpapier auslegen.

4. Den Puderzucker sieben. Den Teig in eine Schüssel füllen. 1 Eiweiß und den Puderzucker untermischen. So lange rühren, bis der Teig cremig wird.

5. Den Teig in einen Spritzbeutel füllen und 5 Zentimeter große Kreise auf das Backpapier spritzen. 10 bis 15 Minuten trocknen lassen und dann im vorgeheizten Backofen bei 175 bis 180 °C 15 Minuten backen.

Variante **Dieses Rezept kann auch mit Haselnüssen zubereitet werden und ebenso gut mit einem leichten Weißwein aus Bergerac (gleich neben Saint Émilion).**

Macarons d'Aurélie (glutenfrei)

An Macarons liebe ich besonders, dass ich immer neue Kombinationen kreieren kann. Lassen Sie Ihrer Fantasie unbedingt freien Lauf und genießen Sie diese zarten und hübschen Plätzchen, die sich so prima verschenken lassen.

ZUTATEN FÜR 18-21 MACARONS

Für die Ganache à la lavande:

50 g Sahne

½ TL Lavendelblüten

100 g weiße Schokolade

Für die Macarons:

45 g gemahlene Mandeln

75 g Puderzucker

36 g zimmerwarmes Eiweiß

10 g Zucker

1 Messerspitze Lebensmittelfarbe als Pulver oder Paste

1. Für die Ganache à la lavande Sahne und Lavendelblüten in einem Topf zum Kochen bringen, beiseitestellen und 5 Minuten ziehen lassen. Die Schokolade hacken und in eine Schüssel geben. Die warme Sahne durch ein Sieb auf die Schokolade gießen und rühren, bis sie sich auflöst. Bei Bedarf kurz ins Wasserbad stellen und bei 28 bis 29 °C schmelzen lassen. Anschließend mindestens 1 Stunde in den Kühlschrank stellen.

2. Die Mandeln und den Puderzucker mischen. Die Mischung in 3 Portionen ganz fein mit einer Kaffeemühle (oder einem Mixer) mahlen und durch ein Sieb geben. Die festen Rückstände im Sieb mit der nächsten Ladung Mandeln und Puderzucker mahlen. (Dieser Schritt ist wichtig, da die Macarons sonst keine schöne, glatte Oberflächen bekommen.)

3. Das Eiweiß schlagen. Wenn sich kleine Bläschen bilden, den Zucker zugeben. Wenn die Mischung weiß wird, die Lebensmittelfarbe zugeben. 2 Minuten schlagen, bis die Farbe der Masse immer heller wird. Die Baisermasse muss fest sein, aber auch schön glänzen und darf nicht krümelig aussehen.

4. Die Mandel-Puderzucker-Mischung in 2 Portionen vorsichtig in das Eiweiß einarbeiten. Das Eiweiß vorsichtig von den Rändern der Schüssel lösen und in die pudrige Mischung umdrehen, sodass es sich per Kontakt mischt. Den Teig immer wieder drehen, bis man alles dazugegeben hat.

5. Jetzt kommt das Wichtigste: die Macaronnage. Dafür den Teig in der Schüssel leicht ausbreiten und dann zusammenschieben, um eine homogene Masse zu bekommen. Ist man zu vorsichtig, wird der Teig zu fest und enthält noch zu viel Luft. Die Macarons können beim Backen platzen und der Teig kann nicht richtig ausgespritzt werden. Bearbeitet man ihn zu ungeduldig oder zu schnell, wird der Teig zu flüssig und die Macarons laufen auseinander. Wenn der Teig wie ein Band fließt, eine schöne Lava-Konsistenz hat (ohne zu viel Luftbläschen), ist er fertig.

6. Ein Backblech mit Backpapier auslegen. Den Teig in einen Spritzbeutel mit Lochtülle (7 Millimeter) füllen und 3 bis 3,5 Zentimeter große Macarons auf das Backpapier spritzen. Mindestens 20 bis 40 Minuten trocknen lassen.

7. Den Backofen auf 145 °C Ober-/Unterhitze (Gas Stufe 1) vorheizen.

8. Die Macarons im vorgeheizten Backofen bei 145 °C auf der mittleren Schiene 14 bis 15 Minuten backen. Immer nur ein Blech in den Backofen schieben! Die Macarons vollständig abkühlen lassen, bevor man versucht, sie vom Backpapier zu lösen.

9. Die Ganache à la lavande mit einem Schneebesen oder Rührgerät schlagen, bis sie heller und fester wird. Anschließend kalt stellen. Die Macarons auf der flachen Seite damit bestreichen und jeweils 2 Macarons zusammensetzen.

Mein Tipp **Die Macarons mit Blüten, Farbe oder Glitzer dekorieren.**

Variante **Anstatt Lavendel-Ganache kann man auch Blaubeer-Ganache verwenden. Dafür einfach 100 Gramm weiße Schokolade und 50 Gramm Blaubeermark im Wasserbad erwärmen und anschließend wieder abkühlen lassen.**

Das Foto zu diesem Rezept finden Sie auf Seite 81.

»Macarons d'Aurélie«
Das Rezept zu diesem Foto finden Sie auf Seite 78.

Babas au rhum

In meiner Schule gab es immer kleine Babas au rhum als Nachtisch. Ich fand sie nicht so gut – zu lasch und zu matschig. Dann habe ich Babas in Paris in einer edlen Pâtisserie probiert und seitdem eine neue Welt entdeckt. Eine Baba muss fest und saftig sein, schön aromatisch durch den Sirup, den man nach Geschmack aromatisieren kann.

ZUTATEN FÜR 10 BABAS AU RHUM

½ Portion Briocheteig (Seite 44)

Butter für die Form

Mehl zum Bestäuben

Für den Sirup:

1 Vanilleschote

700 ml Wasser

480 g Zucker

Saft und abgeriebene Schale von 1 Zitrone

100 ml Orangensaft

100 ml Rum (für Kinder einfach mehr Orangensaft dazugeben)

Für die Chantilly:

530 g Sahne

110 g Puderzucker

Für den Belag:

2 Orangen

2 Grapefruits

1. Den Briocheteig nach Rezept zubereiten, gute 8 Minuten kneten und dann 30 Minuten gehen lassen. Den Teig in 8 Zentimeter kleine eingefettete und bemehlte Savarinformen ⅔ hoch einfüllen. (Alternativ Muffinförmchen verwenden.) Den Teig 30 Minuten gehen lassen.

2. Den Backofen auf 180 °C Umluft (Ober-/Unterhitze 200 °C, Gas Stufe 3-4) vorheizen.

3. Den Kuchen in der Savarinform im vorgeheizten Backofen bei 180° C 20 bis 25 Minuten backen.

4. Für den Sirup die Vanilleschote der Länge nach halbieren und zur Hälfte auskratzen. Das Vanillemark in die Sahne geben und diese kalt stellen. Ausgekratzte Vanilleschote, Wasser, Zucker, Zitronenabrieb und Zitronen- und Orangensaft in einen Topf geben, zum Kochen bringen und so lange köcheln, bis sich der Zucker komplett aufgelöst hat. Dann den Rum zugeben. Den Sirup durch ein feines Sieb in eine Auflaufform gießen.

5. Die abgekühlten Babas in den Sirup legen und vorsichtig umdrehen. Mindestens 4 Stunden ziehen lassen oder über Nacht in den Kühlschrank stellen. Dann die Babas auf einem Gitter platzieren und abtropfen lassen. (Prinzipiell gilt: eine kalte Baba in warmem Sirup baden oder eine warme Baba in kaltem Sirup.)

6. Für die Chantilly die Sahne schlagen und peu à peu den Puderzucker dazugeben, bis sie fest wird. Dann in einen Spritzbeutel füllen.

7. Orange und Grapefruit schälen und filetieren. Die Chantilly auf die Babas spritzen und mit den Zitrusfilets verzieren.

Mein Tipp **Babas serviere ich gern in kleinen Schälchen, sodass man noch ein bisschen vom Sirup naschen kann. (Trockene Baba-Böden kann man bis zu 4 Tage lang aufbewahren.)**

Kouign Amann *(ohne Ei)*

BLÄTTERTEIGKUCHEN

In der Bretagne gibt es dieses kleine gerollte Gebäck. Man wird nach der Karamell-Butter-Kruste schnell süchtig. Ich mag Kouign Amann als kleine Version anstatt eines großen flachen Kuchens, weil ein großer Blätterteigkuchen beim Schneiden zu viele Krümel macht.

1. Die Hefe in dem Wasser auflösen. Mehl und Salz zugeben und verkneten, bis sich der Teig von der Schüssel ablöst. Den Teig wie einen Umschlag falten und 1 Stunde gehen lassen. Dann den Teig wieder zusammenfalten und weitere 30 Minuten gehen lassen.

2. Den Teig auf der bemehlten Arbeitsfläche ausrollen und mit einem Brotstreicher vom Mehl befreien. Jetzt die Mitte des Teiges mit reichlich Puderzucker bestäuben. Die Butter zwischen 2 Bögen Backpapier etwa halb so groß wie den Teig ausrollen. Die Butterplatte in der Mitte platzieren und mit Puderzucker bestäuben. Den Teig wie für die Croissants falten und drehen (Seite 22). Dem Teig aber nur 3 Touren geben, ohne Ruhezeit dazwischen.

3. Den Backofen auf 180 °C Umluft (Ober-/Unterhitze 200 °C, Gas Stufe 3-4) vorheizen.

4. Den Teig auf bemehlter Arbeitsfläche so dünn wie möglich ausrollen und mit Puderzucker bestäuben. Nach Geschmack mit Zimt, Vanille oder Kakaopulver bestäuben oder mit Marmelade bestreichen.

5. Den Teig in 5 Zentimeter breite und 30 Zentimeter lange Streifen schneiden und aufrollen. Muffinförmchen jeweils mit 15 bis 20 Gramm gesalzener Butter bestücken und etwas Puderzucker daraufgeben. Darauf die Kouign-Amann-Rollen setzen. Auf jede Rolle verteile ich einen weiteren kleinen Klecks Butter und Puderzucker. Die Kouign Amann im vorgeheizten Backofen bei 180 °C 30 bis 35 Minuten backen.

Mein Tipp **Die Kouign Amann sehen nach dem Backen von unten noch besser aus. Die Butter bildet mit dem Zucker eine Karamellkruste und schmeckt soooo lecker mit dem Hauch Salz!**

ZUTATEN FÜR 8-10 KOUIGN AMANN

Für den Croissantteig (Seite 22):

15 g frische Hefe
300-310 ml Wasser
500 g Mehl Type 405 oder 550
2 g Salz
250 g Butter (Zimmertemperatur)
Mehl zum Bestäuben

Für den Belag:

200 g gesalzene Butter
200 g Puderzucker
3 EL Zimtzucker (alternativ 3 EL Vanillezucker, 2 EL Kakaopulver oder 2 EL Marmelade)

Biscuits roses de Reims

ROSA BISKUITS AUS REIMS

Ich genieße die Biscuits mit einem Glas Champagner – man kann sie eintauchen, ohne dass sie zerbrechen. Auf einem Büfett machen sie sich ganz wunderbar, die zartrosa Biscuits sind einfach sooo hübsch. Sie eignen sich auch perfekt als Basis für eine kleine Charlotte.

ZUTATEN FÜR 6 BISCUITS

1 Ei (Größe L)
50 g Zucker
1 Messerspitze Vanille
1 Messerspitze rosa Lebensmittelfarbe in Pulverform
50 g Mehl
30 g Speisestärke
½ TL Backpulver
Puderzucker zum Bestäuben

1. Das Ei trennen und das Eigelb mit dem Zucker und der Vanille schlagen, bis es weiß wird. Dann die rosa Lebensmittelfarbe und das Eiweiß dazugeben und weitere 3 Minuten schlagen.

2. Das Mehl mit der Speisestärke und dem Backpulver sieben, peu à peu auf die Eiermasse streuen und mit einem Teigschaber vorsichtig unterrühren.

3. Den Teig in einen Spritzbeutel füllen und es in längere eingefettete Financier-Backformen von 8 Zentimeter Länge und 4 Zentimeter Breite spritzen. Dann mit Puderzucker bestäuben und 20 bis 25 Minuten trocknen lassen.

4. Den Backofen auf 180 °C Umluft (Ober-/Unterhitze 200 °C, Gas Stufe 3-4) vorheizen.

5. Die Biscuits roses de Reims im vorgeheizten Backofen bei 180 °C 15 Minuten backen.

Mein Tipp **Ich aromatisiere meine Biscuits mit 2 Tropfen natürlichem Veilchen- oder Rosenaroma.**

Meringues et Fontainebleau *(glutenfrei)*

BAISER

Riesige Meringues in der Bäckerei zu kaufen und direkt reinzubeißen, das ist pure Sünde. Ich backe sie auch in riesengroß und zerbrösele sie dann auf ein bisschen Joghurt mit Obst. Wenn man aber das Ganze eleganter präsentieren möchte, kann man daraus noch ein Fontainebleau zaubern – ein festerer Joghurt mit geschlagener Sahne, der mit Obst serviert wird. Ich gebe die Meringuestückchen dazu und schon ist es unwiderstehlich köstlich.

ZUTATEN FÜR CA. 14 MERINGUES

Für die Meringues:

225 g Zucker

50 ml Wasser

75 g Eiweiß

Für den Fontainebleau:

300 g Fromage blanc (alternativ Creme-Quark oder griechischer Joghurt)

175 g Sahne

frisches Obst, klein geschnitten

1. Für die Meringuemasse den Zucker mit dem Wasser in einem kleinen Kochtopf erhitzen, bis 110 °C erreicht sind. (Dafür benötigt man ein Zuckerthermometer.) Wenn der Zucker 110 °C erreicht hat, fange ich an, das Eiweiß in einer Rührschüssel zu schlagen.

2. Wenn der Zucker 117 °C erreicht hat, den Zucker an der Schüsselwand entlang zugießen – nicht direkt auf das Eiweiß, sonst könnte es gerinnen. Eiweiß und Zuckersirup 3 bis 4 Minuten weiterschlagen.

3. Ein Backblech mit Backpapier auslegen. Die Meringuemasse in einen Spritzbeutel mit Sterntülle füllen und auf das Backpapier spritzen. Man kann sie länglich oder als Kreis spritzen. Anschließend 30 Minuten trocknen lassen.

4. Den Backofen auf 90 °C Umluft (Ober-/Unterhitze 100 °C, Gas Stufe 1) vorheizen.

5. Die Meringue bei leicht geöffneter Backofentür bei 90 °C 1 Stunde backen. Die Meringue sollte noch schön weiß bleiben und lediglich trocknen.

6. Ein Sieb in eine Schüssel setzen und mit Gazetuch (Mull) bedecken. Fromage blanc hineingießen und 15 bis 20 Minuten abtropfen lassen. Die Sahne in einen hohen Rührbecher geben, steif schlagen und unter den abgetropften Fromage blanc rühren. Die Creme in kleine Schälchen füllen, das frische Obst obenauf geben und mit den Meringues dekorieren. Ich liebe es auch, längliche Meringues einfach in den Joghurt reinzutauchen … déliciceux!

Mein Tipp **Die Zubereitungstemperatur für eine perfekte Baisermasse liegt zwischen 117 und 118 °C. So wird der Baiser schön stabil, glänzend und fest.**

Gâteau aux noix *(glutenfrei)*

WALNUSSKUCHEN

Ich liebe diesen Kuchen, weil er so locker und leicht schmeckt. Der Schokoladenüberzug ist ein absolutes Muss. Manchmal backe ich ihn mit Absicht in einer flachen Tarteform, um Schokolade auf jedem Biss zu haben! Er ist perfekt mit Walnuss, man kann ihn aber auch mit Haselnuss oder Mandeln zubereiten.

ZUTATEN FÜR 1 KUCHEN (Ø 24-26 CM)

60 g Butter
300 g Walnusskerne
6 Eier (Größe M)
100 g Zucker
1 Messerspitze Vanille
1 Prise Salz
Butter für die Form

Für den Guss:

200 g Guanaja Valrhona-Schokolade

Für die Deko:

30 g Guanaja Valrhona-Schokoladen-Drops
30 g Walnusskerne, gehackt

1. Die Butter langsam schmelzen und abkühlen lassen. Die Walnüsse in der Küchenmaschine fein mixen.

2. Die Eier trennen. Die Eigelbe und den Zucker in eine Rührschüssel geben und hellcremig schlagen. Die geschmolzene Butter, die Vanille und das Salz dazugeben und rühren, bis es cremig wird. Die Walnüsse hinzufügen und untermischen.

3. Das Eiweiß in einen hohen Rührbecher geben und steif schlagen. Vorsichtig unter den Teig heben.

4. Den Backofen auf 170 °C Umluft (Ober-/Unterhitze 190 °C, Gas Stufe 3) vorheizen.

5. Den Teig in eine gefettete Tortenform (26 cm) füllen und im vorgeheizten Ofen bei 170 °C 40 Minuten backen. Den Kuchen auf einem Gitter abkühlen lassen.

6. Die Schokolade hacken, vorsichtig im Wasserbad schmelzen und den Kuchen damit überziehen. Den Kuchen mit Schokoladen-Drops und Walnüssen dekorieren.

Mein Tipp **Den Kuchen kann man auch wunderbar mit kleinen karamellisierten Walnussstückchen dekorieren.**

Croustade landaise (ohne Ei)

APFELKUCHEN AUS DER GASCOGNE

Dieser Apfelkuchen aus der Gascogne sieht wunderschön aus. Aus Strudelteig wird ein »Dentelle«- oder »Frou-frou«-Kuchen kreiert. Dabei kann man den Strudelteig wie eine Skulptur drapieren. Dieses Rezept gibt es auf meinem Blog als Version ohne Apfel. Ich wollte es unbedingt in dieses Buch mit aufnehmen, weil es so einfach und doch vielfältig ist. Ich bereite den Kuchen oft mit einer Armagnac-Marinade, hier möchte ich Ihnen eine Idee mit Schokolade vorstellen.

ZUTATEN FÜR 1 KUCHEN (Ø 22–24 CM)

4 Äpfel (Braeburn)
1 Messerspitze Vanille
30 g Zucker
Saft von 1 Zitrone

Für den Teig:

140 g Butter oder gesalzene Butter
100 g Zartbitterschokolade
10 Strudelteig- oder Filoteigblätter
220 g Zucker
Vanilleeis zum Servieren

1. Die Äpfel schälen, entkernen und in 1 Zentimeter dicke Scheiben schneiden. Äpfel mit Vanille, Zucker und dem Zitronensaft in eine große Schüssel geben.

2. Die Butter langsam schmelzen und abkühlen lassen. Die Schokolade klein hacken.

3. Jedes einzelne der Strudelteigblätter mit der Butter bepinseln und mit 1 Esslöffel Zucker bestreuen. Eine Tarteform (alternativ Tartering) mit 5 Strudelteigblättern auslegen. Darauf die Apfelstückchen und die klein geschnittene Schokolade geben.

4. Den Backofen auf 175 °C Umluft (Ober-/Unterhitze 190 °C, Gas Stufe 3–4) vorheizen.

5. Die restlichen gebutterten und gezuckerten Strudelteigblätter nacheinander mit ordentlich Volumen und vielen Falten als Deckel auf dem Kuchen drapieren. Der Deckel wird beim Backen schön goldig und knusprig.

6. Die Croustade landaise im vorgeheizten Backofen bei 175 °C 35 bis 40 Minuten backen, bis sie goldbraun ist. Noch lauwarm mit einer schönen Kugel Vanilleeis servieren – ein Gedicht!

Meine Tipps Als Backform nehme ich eine niedrige Backform und keine hohe wie eine Springform, weil man den Kuchen nicht am Stück herauskriegt.
Ich mag Croustade landaise auch mit wenig angerösteten gehobelten Mandeln – in der Füllung und auf der Oberfläche.

Andere Tipps und ein kleines Video finden Sie auf meinem Blog!

Far breton

BRETONISCHER PFLAUMENKUCHEN

Ganz versteckt unter dem Teig sind kleine, saftig eingelegte Pflaumen. In der Bretagne geben die Bäcker noch einen Hauch gesalzene Butter dazu, um den Obstgeschmack zur Geltung zu bringen. Auch wenn die ganze Familie ein Stück davon isst, gebe ich trotzdem ein kleines bisschen Rum (etwa 1 Teelöffel) mit in die Pflaumenmarinade. Und es schmeckt uns allen.

1. Die Butter schmelzen und anschließend abkühlen lassen.

2. Den Backofen auf 175 bis 180 °C Umluft (Ober-/Unterhitze 200 °C, Gas Stufe 3-4) vorheizen.

3. Mehl, Zucker, Vanille, Eier und die geschmolzene Butter in eine Rührschüssel geben und mit einem Schneebesen langsam verrühren. Die Milch und den Rum peu à peu dazugeben und cremig rühren.

4. Eine Auflaufform mit Butter einfetten. Die Pflaumen darin verteilen, den Teig darübergießen und im vorgeheizten Backofen bei 175 bis 180 °C 40 bis 45 Minuten backen.

Mein Tipp **Je nach Geschmack kann man die Pflaumen 20 Minuten in Rum-Vanille-Marinade ziehen lassen. Dazu einfach 4 Esslöffel Rum, 1 Messerspitze Vanille und 300 Milliliter warmen schwarzen Tee mischen und darin die Pflaumen ziehen lassen. Man kann auch in den Tee anstelle des Rums etwas Zimt oder 1 Tonkabohne geben.**

ZUTATEN FÜR 1 KUCHEN (Ø 26 CM)

40 g gesalzene Butter
200 g Mehl
100 g Zucker
1 Messerspitze Vanille
5 Eier (Größe M)
500 ml Milch
2 EL Rum
275 getrocknete Soft-Pflaumen
Butter für die Form

Gâteau basque

BASKISCHER KUCHEN

Aus dem Baskenland bringe ich immer Pasteten, Piment d'Espelette und schwarze Kirschmarmelade mit. Sie ist sehr süß und schmeckt besonders gut mit Hartkäse. Aber wenn man davon ein 1-Kilo-Glas hat, muss man einen anderen Einsatz dafür finden. Dieser Kuchen ist so einfach zu backen und so lecker, dass wir das Kilo Marmelade in einem Monat aufgebraucht haben.

ZUTATEN FÜR 1 KUCHEN (Ø 22-24 CM)

300 g Mehl T65 oder Type 550
200 g weiche Butter
200 g Zucker
1 Messerspitze Vanille
1 Ei (Größe M)
3 Eigelbe (Größe M)
abgeriebene Schale von ½ Zitrone
3 EL Zitronensaft
5 g Backpulver
½ TL Salz
75 g gemahlene Mandeln
300 g schwarze Kirschmarmelade
Butter für die Form
Mehl zum Bestäuben
1 Eigelb zum Bepinseln

1. Das Mehl sieben. Die sehr weiche Butter in eine Rührschüssel geben. Zucker und Vanille hinzufügen und mit den Rührbesen des Handrührgeräts so lange schlagen, bis die Masse cremig wird.

2. Das Ei und die Eigelbe in eine Schüssel geben und wie für ein Omelett mit einer Gabel aufschlagen. Die Eier zu der Butter-Zucker-Creme geben, Zitronenabrieb und Zitronensaft hinzufügen und mit einem Holzlöffel verrühren. Mehl, Backpulver, Salz und Mandeln zugeben und verkneten. Den Teig halbieren, zu zwei Kugeln formen, in Frischhaltefolie wickeln und mindestens 40 bis 45 Minuten in den Kühlschrank legen.

3. Den Backofen auf 190 °C Umluft (Ober-/Unterhitze 210 °C, Gas Stufe 4) vorheizen.

4. Die Teigkugeln jeweils zwischen 2 Bögen Backpapier legen und rund 1 bis 2 Zentimeter dick ausrollen. Eine Tarteringform fetten, mit Mehl bestäuben und eine Lage Teig hineinlegen. Darauf die Marmelade verteilen und gleichmäßig verstreichen, dabei 2 Zentimeter Rand freilassen. Den Teigdeckel darauflegen und den Rand fest andrücken.

5. Den Kuchen mit Eigelb bepinseln und mit einer Gabel ein Baskenkreuz auf die Oberfläche ritzen. Den Gâteau basque im vorgeheizten Backofen bei 190 °C 20 Minuten backen, dann die Hitze auf 150 °C (Ober-/Unterhitze 170 °C, Gas Stufe 2) reduzieren und weitere 20 Minuten backen.

Mein Tipp **Der Kuchen hält sich bis zu 1 Woche. Er schmeckt am besten, wenn er einen Tag durchgezogen ist. Ich liebe Gâteau basque mit Kirschen, aber ich backe ihn auch gern mit selbst gemachter schwarzer Johannisbeermarmelade (mit 2:1 Gelierzucker).**

Gâteau breton

BRETONISCHER KUCHEN

Buchweizenmehl, gesalzene Butter und das Aroma von Pflaumen – so schmeckt für mich die Bretagne. Ich habe endlich das perfekte Rezept gefunden und backe den Gâteau breton auch »en masse«, um immer eine Kuchenreserve zu haben. Der Kuchen hält sich in eine Dose eingepackt bis zu 2 Wochen!

ZUTATEN FÜR 1 TARTERINGFORM (Ø 22-24 CM)

200 g gesalzene Butter
200 g Mehl T65 oder Type 550
50 g Buchweizenmehl
5 Eigelbe (Größe M)
200 g Zucker
1 Messerspitze Vanille
¼ TL Natron
Butter für die Form
1 Eigelb zum Bepinseln

Für die Füllung:

300 ml Earl-Grey-Tee
250-300 g Soft-Pflaumen
2 EL Rum
2 EL Zucker
2 Messerspitzen Vanille

1. Für den Teig die Butter behutsam schmelzen und anschließend abkühlen lassen. Die Butter sollte hellgelb (fast weiß) sein. Beide Mehlsorten sieben.

2. Eigelbe, Zucker und Vanille in eine Rührschüssel geben und mit den Rührbesen des Handrührgeräts so lange schlagen, bis die Masse weiß wird.

3. Mehl mit Butter und Natron verrühren, hinzufügen und untermischen. Den Teig in Frischhaltefolie wickeln und im Kühlschrank 30 Minuten ruhen lassen.

4. Für die Füllung den Tee frisch aufbrühen. Die Pflaumen grob schneiden und in den kochend heißen Tee geben. 20 Minuten ziehen lassen.

5. Dann die Pflaumenstückchen herausnehmen und mit dem Rum und 3 bis 4 Esslöffeln Tee mit dem Stabmixer fein pürieren. Das Püree in einen kleinen Kochtopf füllen, Zucker und Vanille zugeben und 10 Minuten köcheln lassen, bis die Konsistenz einer dickflüssigen Marmelade entspricht.

6. Den Backofen auf 175 bis 180 °C Umluft (Ober-/Unterhitze 200 °C, Gas Stufe 3-4) vorheizen.

7. Den Teig halbieren und jeweils zwischen 2 Bögen Backpapier rund und 2 Zentimeter dick ausrollen. Eine Lage Teig in eine gebutterte Form legen und die Mitte leicht eindrücken. Das Pflaumenmousse aufstreichen und dabei 2 bis 3 Zentimeter Rand frei lassen. Den Teigdeckel darauflegen und den Rand andrücken.

8. Den Kuchen mit Eigelb bepinseln und mit einer Gabel ein Kreuzmuster einritzen. Den Gâteau breton im vorgeheizten Backofen bei 175 bis 180 °C 45 Minuten backen.

Goûter

KAFFEEZEIT

Vesper oder Goûter um 16 Uhr ist für mich eine sehr wichtige Mahlzeit. Ich zaubere am liebsten etwas Kleines, Praktisches, das sich auch gut mit in die Schule nehmen lässt. Deswegen bereite ich oft Küchlein ohne Sahne oder Creme zu, aber sie müssen trotzdem weich und frisch sein. Mein Sohn liebt es zu backen und ist immer stolz auf seine eigenen Kreationen. So kann er auch selbst über die Geschmacksrichtung entscheiden und ich bin sicher, dass er es auch essen wird.

Madeleines

Das Wichtigste bei den Madeleines ist, dass sie sehr weich in der Mitte sind und dass sie beim Backen eine schöne Beule bekommen. Flache Madeleines sind keine richtigen Madeleines. Daher muss der Teig immer kalt sein, denn es ist der Temperaturunterschied, der die schöne Beule zaubert! Ich mag sie mit Bergamotte-Aroma, aber ich backe Madeleines für meinem Sohn am liebsten mit Zitrone.

1. Die Butter in einen kleinen Topf geben, langsam schmelzen und abkühlen lassen.

2. Eier, Zucker und Honig in eine Rührschüssel geben und mit den Rührbesen des Handrührgeräts schlagen, bis die Masse heller wird.

3. Das Mehl über die Ei-Zucker-Masse sieben und mit einem Schneebesen untermischen. Backpulver, geschmolzene Butter und Zitronenabrieb dazugeben und verrühren.

4. Den Teig 1 Stunde in den Kühlschrank stellen. Anschließend den Teig kurz verrühren und kleine gefettete Madeleine-Backformen jeweils zu zwei Dritteln füllen.

5. Den Backofen auf 190 °C Ober-/Unterhitze (Umluft 170 °C, Gas Stufe 3) vorheizen.

6. Die Temperatur auf 180 °C (Umluft 160 °C, Gas Stufe 2-3) reduzieren und die Madeleines im Backofen je nach Größe circa 12 bis 13 Minuten backen. Anschließend abkühlen lassen.

ZUTATEN FÜR 24 MADELEINES

80 g gesalzene Butter
2 Eier (Größe M)
85 g Zucker
1 EL Honig
110 g Mehl
1 TL Backpulver
abgeriebene Schale von ½ Zitrone oder Bergamotte-Naturaroma

Mein Tipp **Die Madeleines lassen sich in einer verschließbaren Dose bis zu 3 Tagen gut aufbewahren.**

Palets et Galettes bretons

BRETONISCHE PLÄTZCHEN

Als kleines Kind habe ich mal eine Keksfabrik in der Bretagne besucht und durfte dort sogar Kekse probieren. Sie waren so lecker, dass ich seitdem keine »normalen« Butterkekse mehr essen kann. Ich habe zwei Rezepte, die bei mir immer im Einsatz sind, und ich kann mich nur schwer zwischen diesen beiden entscheiden.

ZUTATEN FÜR 12-15 PALETS BRETONS

3 Eigelbe (Größe M)
100 g Zucker
110 g gesalzene Butter
175 g Mehl
6 g Backpulver
1 Messerspitze Vanille
Milch zum Bepinseln

1. Alle Zutaten für den Teig in eine Rührschüssel geben und verkneten.

2. Den Teig zu einer Rolle formen, in Frischhaltefolie einwickeln und 40 bis 45 Minuten in den Kühlschrank legen.

3. Den Backofen auf 185 bis 190 °C Ober-/Unterhitze (Umluft 170 °C, Gas Stufe 3) vorheizen.

4. Die Rolle in 12 bis 15 dünne Scheiben schneiden, in 7 Zentimeter große Muffin- oder Minitartelette-Formen setzen und mit Milch bepinseln. Die Palets Breton im vorgeheizten Backofen bei 185 bis 190 °C 18 Minuten backen.

ZUTATEN FÜR 20 GALETTES BRETONNES

50 g gesalzene Butter
50 g Zucker
2 Eigelbe (Größe M)
125 g Mehl T65
½ TL Natron
1 TL abgeriebene Zitronenschale
1-2 EL Milch
Milch zum Bepinseln

5. Butter und Zucker in eine Rührschüssel geben und mit den Rührbesen des Handrührgeräts cremig schlagen. Dann die Eigelbe dazugeben und unterrühren.

6. Mehl und Natron mischen. Wenn die Butter-Zucker-Mischung schön homogen ist, das Mehl und den Zitronenabrieb zugeben und mit den Händen unterkneten. Der Teig muss schön fest werden. Bei Bedarf etwas Milch hinzufügen. Den Teig zwischen 2 Backpapierblättern 1 Zentimeter dünn ausrollen und 30 Minuten kühl stellen.

7. Den Backofen auf 185 bis 190 °C Ober-/Unterhitze (Umluft 170 °C, Gas Stufe 3) vorheizen. Ein Backblech mit Backpapier auslegen.

8. Aus dem Teig 4 bis 5 Zentimeter große Kreise ausstechen und auf das Backpapier setzen. Die Galettes auf der Oberfläche leicht mit einer Gabel ankratzen und mit Milch bepinseln. Im vorgeheizten Backofen bei 185 bis 190 °C 10 Minuten backen.

Auréli

Cannelés

Die Cannelés sind ein Gedicht: ein weicher und aromatischer Kern umhüllt von einer Karamellkruste. Es gibt sie in verschiedenen Größen, aber egal, ob sie ganz klein sind für ein Büfett oder groß wie zum Goûter, die Cannelés sind immer schnell aufgegessen. Um den süßen Minikuchen etwas Frische zu verleihen, backe ich sie oft mit Lavendel oder Rosmarin.

ZUTATEN FÜR 30 GROSSE CANNELÉS (BZW. 40 MITTELGROSSE ODER 85 KLEINE)

1 l Milch

2 Rosmarinzweige (alternativ 3 EL Pistazien, 3 EL Armagnac oder Rum)

4 Eier

2 Eigelbe (Größe M)

450 g Zucker

75 g Butter

250 g Mehl

1. Die Milch mit den Rosmarinzweigen in einen Topf geben, kurz aufkochen und 5 Minuten ziehen lassen. Rosmarin anschließend aus der Milch entfernen.

2. Eier, Eigelbe und Zucker in eine Rührschüssel geben und mit den Rührbesen des Handrührgeräts schlagen, bis die Masse weiß wird. Sie muss schön cremig werden.

3. Die Butter in einen Topf geben und langsam schmelzen lassen.

4. Erst die geschmolzene Butter und dann das Mehl zur Eiermischung geben und unterrühren. Langsam die heiße Milch dazugießen, sodass es keine Klümpchen gibt. Die Rührschüssel mit Frischhaltefolie abdecken und den Teig über Nacht im Kühlschrank ruhen lassen.

5. Den Backofen auf 230 °C Umluft (Ober-/Unterhitze 250 °C, Gas Stufe 6) vorheizen.

6. Den Teig umrühren, sodass sich die Butter wieder mit der Masse verbindet. So viel Teig in Cannelés-Förmchen aus Silikon gießen, dass sie jeweils zu zwei Dritteln gefüllt sind.

7. Die Cannelés im vorgeheizten Backofen 15 Minuten bei 230 °C backen. Große Cannelés dann 1 weitere Stunde bei 200 °C (Ober-/Unterhitze 220 °C, Gas Stufe 4-5) backen, mittelgroße weitere 50 Minuten und kleine Cannelés 40 Minuten. Die Temperatur muss anfangs so hoch sein, damit sich eine schöne Karamellkruste bildet!

Mein Tipp **Cannelés-Backformen aus Kupfer müssen unbedingt eingefettet werden. In Bordeaux werden sie sogar mit Bienenwachs bestrichen. Kupfer-Backformen halten Temperaturen bis zu 260 °C aus. So bekommen Cannelés eine besonders schöne Karamellkruste. Silikon-Backformen braucht man nicht einfetten, aber Sie müssen vor dem Backen darauf achten, dass Ihre Backform die hohe Hitze (230 °C) verträgt.**

Tuiles aux amandes

ZARTE MANDELPLÄTZCHEN

Sie sind knusprig, knackig, fein und man muss sie ganz schnell aus dem Backofen holen und auf ein Nudelholz legen. Die ganze Kunst liegt darin, wie man sie in die gewünschte Form bringt. Ich serviere Tuiles aux amandes zum Goûter mit einem heißen Kakao und mein Sohn bestreicht sie gern mit Joghurt!

ZUTATEN FÜR 15 TUILES AUX AMANDES

40 g Butter
2 Eiweiß
65 g Zucker
1 Messerspitze Vanille
65 g Mehl
50 g gehobelte Mandeln

1. Die Butter schmelzen und abkühlen lassen.

2. Den Backofen auf 190 °C Ober-/Unterhitze (Umluft 170 °C, Gas Stufe 3) vorheizen. Ein Backblech mit Backpapier auslegen.

3. Eiweiß in eine Rührschüssel geben und mit dem Schneebesen leicht schlagen. Zucker, Vanille und das Mehl dazugeben und weiterrühren. Dann die geschmolzene Butter hinzufügen und cremig rühren. 1 Esslöffel gehobelte Mandeln untermischen.

4. Jeweils 1 bis 2 Teelöffel Teig mit ausreichend Abstand auf das Backpapier setzen und zu 6 bis 7 Zentimeter großen Kreisen verstreichen. Die Tuiles müssen sehr dünn sein. Die Kreise mit den restlichen Mandeln bestreuen.

5. Die Tuiles im vorgeheizten Backofen bei 190 °C 8 bis 10 Minuten backen, bis sie goldbraun sind. Dann die Tuiles direkt nach dem Backen auf ein Nudelholz oder eine liegende Flasche legen, damit sie ihre typisch gebogene Form bekommen.

Mein Tipp **Es ist sinnvoll, immer nur eine kleine Menge Tuiles gleichzeitig zu backen, da sie, sobald sie aus dem Ofen kommen, sehr schnell hart werden. Die Tuiles können in einer verschließbaren Dose aufbewahrt werden, aber schön knusprig sind sie nur am ersten Tag.**

Financiers

EIWEISSKÜCHLEIN

Uns schmecken Financiers gut mit säuerlichem Obst, wie Johannisbeeren oder Rhabarber, aber auch mit Pistazie oder Praliné und Orangen. Ich liebe Financiers auch mit Matchatee und Kirschen. Die kleinen Küchlein halten sich ein paar Tage und können perfekt in die Schule mitgenommen werden.

ZUTATEN FÜR 13-14 FINANCIERS

120 g Butter
80 g gemahlene Mandeln
120 g Puderzucker
80 g Mehl
4 Eiweiß
1 Messerspitze Vanille
150 g Himbeeren, Rhabarber oder Erdbeeren
Butter für die Form

1. Die Butter in einen kleinen Topf geben, langsam schmelzen und abkühlen lassen.

2. Den Backofen auf 180 °C Ober-/Unterhitze (Umluft 160 °C, Gas Stufe 2-3) vorheizen.

3. Mandeln und Puderzucker mischen und ganz fein in der Küchenmaschine oder in einer Kaffeemühle mahlen, um ein sehr feines Puder zu bekommen.

4. Das Mehl sieben. Die Mandel-Puderzucker-Mischung, das Mehl, das Eiweiß und die Vanille in eine Rührschüssel geben und mit einem Schneebesen vermischen. Dann die geschmolzene Butter dazugeben und unterrühren.

5. Das Obst waschen, ggf. putzen und zerkleinern.

6. Kleine gebutterte Financierformen mit dem Teig zu ⅔ füllen. In jede Form etwas Obst geben. Die Financiers im vorgeheizten Backofen bei 180 °C 12 bis 15 Minuten je nach Größe backen. Aus den Formen nehmen und auf einem Gitter abkühlen lassen. Die Financiers halten sich in einer verschließbaren Dose bis zu 3 Tage.

Variante **Der Mandelteig kann auch als feine Basis für einen Tortenboden dienen.**

Pets de nonne

NONNENFÜRZLE

Pets de nonne sind kleine Bällchen, die ich gern für den Kindergeburtstag zubereite. Man kann sie wirklich ohne Hunger essen. Vorsicht, akute Suchtgefahr! (Mein Sohn mag sie auch deswegen, weil »Pets de nonne« nichts anderes als »Nonnenpups« bedeutet.)

ZUTATEN FÜR 30-35 PETS DE NONNE

Für den Pâte à choux (Seite 56):

200 ml Milch
3 EL Zucker
80 g Butter
100 g Mehl
3 Eier (Größe M)
1 EL Orangen- oder Rosenblütenwasser
Rapsöl zum Frittieren
Puderzucker und Vanillezucker zum Bestäuben

1. Den Windbeutelteig nach Rezept zubereiten. Den Teig nach Geschmack mit Orangen- oder Rosenblütenwasser aromatisieren.

2. Das Rapsöl in der Fritteuse auf 175 bis 180 °C erhitzen. Mithilfe von zwei Teelöffeln kleine Teigportionen von etwa 3 Zentimetern Durchmesser formen (1 guter Teelöffel Teig). Diese in die Fritteuse geben und 2 bis 3 Minuten backen.

3. Die Pets de nonne zum Entfetten auf eine Lage Küchenpapier setzen. Anschließend mit Puderzucker und Vanillezucker bestäuben.

Variante Zu Weihnachten backe ich die Pets de nonne gern mit etwas Zimt im Teig oder zusätzlich ein bisschen Lebkuchengewürz.

Chouquettes

WINDBEUTEL MIT HAGELZUCKER

Chouquettes sind knackig und zart zugleich. Ich mag sie pur mit Zucker, aber der Trend geht zu Schokoladenstückchen oder Krokant – alles, was Biss hat und schön aussieht. Chouquettes genieße ich gern zum Goûter mit einem Kaffee. Sie lassen sich aber auch wunderbar zum Kindergeburtstag zubereiten.

ZUTATEN FÜR 25-28 CHOUQUETTES

Für den Pâte à choux (Seite 56):

100 ml Wasser

100 ml Milch

90 g Butter

3 EL Zucker

100 g Mehl

3 Eier (Größe M)

1 Messerspitze Vanille

1 Eigelb und 3 EL Milch zum Bepinseln

3 EL Hagelzucker
3 EL Krokant oder gehackte Pralines Roses de Lyon zum Verzieren

1. Den Windbeutelteig nach Rezept zubereiten. Ein Backblech mit Backpapier auslegen.

2. Den Teig in einen Spritzbeutel mit Lochtülle (ø 15 bis 20 Millimeter) füllen. Auf das Backpapier 3,5 bis 4 Zentimeter große Bällchen spritzen. 15 Minuten trocknen lassen. Anschließend mit einer Mischung aus 1 Eigelb und 3 Esslöffeln Milch bepinseln.

3. Den Backofen auf 180 bis 185 °C Umluft (Ober-/Unterhitze 200 °C, Gas Stufe 3-4) vorheizen.

4. Die Chouquettes mit Hagelzucker, Krokant oder gehackten Pralines Roses de Lyon verzieren und im vorgeheizten Backofen bei 180 bis 185 °C 20 bis 25 Minuten backen, bis die Chouquettes schön goldbraun sind.

5. Die Chouquettes sofort vernaschen (so schmecken sie am besten) oder in einer Dose bis 2 Tage aufbewahren.

Mein Tipp **Wie bei den Choux kann man einen Holzlöffel in die Backofentür klemmen, um die Form der Chouquettes zu erhalten. Die Chouquettes werden nicht so hart und trocken gebacken wie die Choux – also 5 Minuten kürzer im Backofen lassen. Chouquettes sind nie trocken, sondern noch weich in der Mitte.**

goûter

Crêpes

CRÊPES MIT KARAMELLSAUCE

Ob zum Frühstück oder Vesper – Crêpes sind meine Rettung, wenn ich nichts mehr im Kühlschrank habe. Dazu gibt es oft Marmelade, wenn es schnell gehen soll, oder Zucker und Zitronensaft. Aber das Beste ist: mit Crème de caramel au beurre salé!

ZUTATEN FÜR 10 CRÊPES

Für die Crème de caramel au beurre salé:

200 g Zucker

175 g Sahne

100 g Butter

1 Prise Fleur de sel

Für die Crêpes:

130 g Mehl

1 Päckchen Vanillezucker

2 Eier (Größe M)

250 ml Milch

20 g geschmolzene Butter

1 Schuss Cognac nach Geschmack

Butter zum Braten

1. Für die Crème de caramel au beurre salé 4 Esslöffel Zucker in einen Kochtopf geben und erhitzen. Wenn der Zucker beginnt zu schmelzen, den restlichen Zucker esslöffelweise über das geschmolzene Karamell stäuben, bis der ganze Zucker verbraucht ist und ein schön goldiges Karamell entsteht. (Währenddessen nicht umrühren, sondern nur den Kochtopf leicht bewegen. Erst wenn das Karamell fertig ist, kann man einen Löffel verwenden.)

2. Die Sahne in einem zweiten Topf zum Kochen bringen. Wenn das Karamell fertig ist, die Butter in kleinen Stücken einrühren. Dann die Sahne zum Karamell hinzufügen und vermischen. So lange rühren, bis die Crème gebunden ist. Anschließend mit dem Salz würzen.

3. Für die Crêpes das Mehl sieben. Mehl und Vanillezucker in eine Rührschüssel geben. Die Eier hinzufügen und unterrühren. Die Milch peu à peu hinzufügen. Zuletzt die geschmolzene Butter untermischen und nach Geschmack einen Schluck Cognac.

4. Etwas Butter in einer flachen Pfanne erhitzen. Eine große Kelle Teig in die Pfanne geben und die Pfanne so drehen, dass der Teig sich überall gut verteilt. Dafür kann man aber auch wie in der Bretagne einen Teigverteiler verwenden, um hauchdünne Crêpes zu backen. Die Crêpes weniger als 1 Minute auf jeder Seite backen. Mit der Crème de caramel au beurre salé servieren.

Mein Tipp **Die Crème de caramel au beurre salé kann bis zu 2 Wochen im Kühlschrank aufbewahrt werden.**

Gaufres

WAFFELN

Waffeln backe ich so oft, dass mein Waffeleisen auf der Arbeitsplatte meiner Küche seinen eigenen Platz bekommen hat. Ich bereite immer eine große Portion vor und, je nach Wunsch meines Sohnes, kommt Kakao, Vanille oder Zitrone in den Teig. Waffeln kann man fast zu jeder Tageszeit essen – zum Frühstück und zum Vesper in der Schule.

ZUTATEN FÜR 8 GAUFRES

70 g Butter
17 g frische Hefe
150 ml Milch
250 g Mehl
2 Eier (Größe M)
60 g Zucker
1 Prise Salz
1 Messerspitze Vanille
150 g frische Sahne

1. Die Butter schmelzen und anschließend abkühlen lassen.

2. Die Hefe in der Milch auflösen. In einer großen Rührschüssel Mehl, Eier, Zucker, Salz und Vanille vermischen. Mit den Rührbesen des Handrührgeräts rühren, dann die Milch peu à peu hinzufügen, sodass es keine Klümpchen gibt. Die Sahne dazugeben und zuletzt die geschmolzene Butter. Alles gut vermischen.

3. Die Schüssel mit einem feuchten Tuch abdecken und 20 bis 30 Minuten gehen lassen, bis der Teig sein Volumen verdoppelt hat. Anschließend den Teig einmal leicht umrühren.

4. Das Waffeleisen erwärmen und die Gaufres nacheinander ausbacken.

Mein Tipp **Man kann den Hefeteig am Abend zubereiten und bis zum Morgen im Kühlschrank gehen lassen. Die Gaufres genieße ich sehr gern mit Vergeoise, einem Karamellpulver, oder mit ein bisschen Puderzucker.**

Nonnettes (ohne Ei)

HONIGKÜCHLEIN

Als kleines Kind hatte ich Nonnettes immer zum Vesper dabei, mit Orange gefüllt. Ich mag sie inzwischen lieber mit Schwarzen Johannisbeeren und seit ich sie selbst mache auch mal mit Zartbitterschokolade.

ZUTATEN FÜR 6 NONNETTES

80 ml Wasser
100 g dunkler Honig
55 g Zucker
40 g Butter
100 g Mehl T 65 oder Type 550
50 g Roggenmehl
½ TL Lebkuchengewürz
½ TL Zimt
3 g Natron
Butter für die Form
3-4 EL Schwarze Johannisbeermarmelade

1. Wasser, Honig, Zucker und Butter in einen Kochtopf geben, zum Kochen bringen und auf mittlerer Hitze köcheln lassen, bis sich alles schön verbunden hat.

2. Beide Mehlsorten, das Lebkuchengewürz, den Zimt und das Natron in eine Rührschüssel sieben. Über diese Mischung den heißen Sirup gießen und 3 Minuten rühren, bis eine homogene Masse entsteht.

3. Den Backofen auf 180 bis 185 °C Umluft (Ober-/Unterhitze 200 °C, Gas Stufe 3-4) vorheizen.

4. Kleine gebutterte Muffinförmchen mit dem Teig zu ⅔ füllen. Jeweils 1 Teelöffel Marmelade hineingeben und mit etwas Teig zukleben.

5. Die Nonnettes im vorgeheizten Backofen bei 180 bis 185 °C 15 bis 18 Minuten backen. Anschließend auf einem Gitter abkühlen lassen. Die Nonnettes lassen sich bis 2 Wochen in einer Dose im Kühlschrank aufbewahren.

Mein Tipp **Ich verwende den Teig auch als Basis für schnelle, improvisierte Muffins und bespritze diese mit einer Schokoladen-Ganache.**

Visitandines

MANDELKÜCHLEIN

In die Schule habe ich immer kleine Barquettes mitgenommen, mal mit Schokolade, mal mit Erdbeermarmelade. Heute bereite ich selbst meine Visitandines, so heißt das Basisrezept, mit meiner Lieblingsmarmelade, rotem Johannisbeergelee.

ZUTATEN FÜR CA. 30 KLEINE VISITANDINES

165 g Butter

Saft und abgeriebene Schale von 1 Zitrone

100 g Mehl

135 g Zucker

100 g gemahlene Mandeln

3 Eiweiß

Butter für die Form

Mehl zum Bestäuben

etwas Marmelade zum Verzieren

1. Die Butter in einen Topf geben und langsam schmelzen lassen. Den Zitronenabrieb hinzufügen und die Butter abkühlen lassen.

2. Das Mehl sieben. Die Butter in eine Rührschüssel geben. Zucker, gemahlene Mandeln, das gesiebte Mehl und ⅔ des Zitronensafts hinzufügen und mit den Rührbesen des Handrührgeräts rühren.

3. Den Backofen auf 180 °C Umluft (Ober-/Unterhitze 200 °C, Gas Stufe 3-4) vorheizen.

4. Eiweiß in einen hohen Rührbecher geben und zu nicht zu steifem Schnee schlagen. Den Eischnee mithilfe eines Teigschabers unter den Teig rühren. (Es muss nicht vorsichtig gearbeitet werden, da der Teig unempfindlich ist.)

5. Eine Barquette-Backform einfetten und mit Mehl bestäuben. Die Förmchen mit dem Teig zu ⅔ befüllen. Die Visitandines im vorgeheizten Backofen bei 180 °C 15 Minuten auf der mittleren Schiene backen.

6. Die Visitandines anschließend auf einem Gitter abkühlen lassen und nach Geschmack mit Marmelade oder Obstpüree verzieren.

Mein Tipp **Besonders gut schmecken Visitandines, wenn man sie mit etwas Zitronensaft beträufelt … délicieux!**

Navettes (ohne Milch)

In Marseille findet man diese lustigen, dicken Kekse, die wie Schiffchen aussehen. Dort kann man sie frisch gebacken naschen. Sie schmecken einfach am besten, wenn sie noch lauwarm sind. Ich genieße sie am liebsten im Sommer mit frischem Pfirsich oder frischer Aprikose. Navettes schmecken wie ein großes Plätzchen mit Olivenöl und Orangenblütenwasser.

1. Das Mehl sieben.

2. Eier, Olivenöl, Orangenblütenwasser und Zucker in eine Rührschüssel geben und so lange mit einem Holzlöffel schlagen, bis sich alles gut gelöst hat und die Masse homogen ist. Anschließend das gesiebte Mehl dazugeben und mit den Händen den Teig zu einer Kugel formen.

3. Den Teig 1 Stunde in den Kühlschrank stellen.

4. Den Backofen auf 175 bis 180 °C Umluft (Ober-/Unterhitze 200 °C, Gas Stufe 3-4) vorheizen. Ein Backblech mit Backpapier auslegen.

5. Vom Teig etwa 50 Gramm große Portionen abschneiden und zu kleinen Navettes formen. Einfach die Kugeln zwischen den bemehlten Händen rollen und die Seiten leicht zu einer Spitze formen.

6. Die Navettes auf das Backpapier setzen und der Länge nach anschneiden. Im vorgeheizten Backofen bei 175 bis 180 °C 15 Minuten backen. Die Navettes sollen nur leicht goldig werden und in der Mitte noch weich sein.

ZUTATEN FÜR 17 NAVETTES

500 g Mehl
3 Eier (Größe M)
50-60 ml Olivenöl
3 EL Orangenblütenwasser
200 g Zucker
½ TL Salz
Milch zum Bepinseln (optional)
Mehl zum Bestäuben

Gâteau au chocolat (glutenfrei)

SCHOKOLADENKUCHEN

So schön schokoladig! Ich mag diesen Kuchen mit extra guter Zartbitterschokolade. Ich ersetze auch schon mal die Butter durch Kakaobutter oder auch Kokosfett, um dem Kuchen eine noch frischere Note zu geben.

ZUTATEN FÜR 1 KUCHEN (Ø 20-22 CM)

200 g Zartbitterschokolade (z. B. Guanaja von Valrhona)
120 g Butter
4 Eier (Größe M)
120 g Zucker
50 g gemahlene Mandeln
1 EL Speisestärke
Butter für die Form

1. Den Backofen auf 180 °C Umluft (Ober-/Unterhitze 200 °C, Gas Stufe 3-4) vorheizen.

2. Die Schokolade und die Butter in eine Schüssel geben und im Wasserbad schmelzen lassen.

3. Die Eier trennen. 60 Gramm Zucker und die Eigelbe in eine Rührschüssel geben und mit den Rührbesen des Handrührgeräts so lange schlagen, bis die Mischung weiß wird. Dann die Eigelbmasse zu der Schokolade geben und verrühren. Die gemahlenen Mandeln und die Speisestärke hinzufügen und cremig rühren.

4. Eiweiß in einen hohen Rührbecher geben, schlagen und wenn es beginnt, weiß zu werden, die restlichen 60 Gramm Zucker darüberstreuen und zu festem Baiser schlagen. Die Masse unter die Schokoladenmischung rühren.

5. Den Teig in eine gebutterte Tarteform (20 bis 22 Zentimeter) füllen und im vorgeheizten Backofen bei 180 °C 30 bis 35 Minuten backen. Der Kuchen sollte in der Mitte noch weich sein.

Variante **Sie können mit einer anderen Schokoladensorte, die weniger oder mehr Kakaoanteil enthält, dem Schokoladenkuchen eine andere Note verleihen.**

Gâteau marbré

MARMORKUCHEN

Das Rezept meiner Maman habe ich ein bisschen verfeinert, weil ihr Kuchen mir immer ein wenig zu trocken war. Aber so schmeckt der Gâteau marbré perfekt. Diesen Kuchen backe ich auch oft für meinen Kleinen, sodass er ein Stück mit in die Schule nehmen kann.

ZUTATEN FÜR 1 KUCHEN

500 g Mehl Type 405 oder 550
250 g zimmerwarme Butter
400 g Zucker
5 Eier (Größe L)
2 Messerspitzen Vanille
1 Päckchen Backpulver
150 g Joghurt
100 g Zartbitter-Schokolade
2 Äpfel (z. B. Breaburn)
3 EL Zartbitter-Kakaopulver

1. Den Backofen auf 180 °C Umluft (Ober-/Unterhitze 200 °C, Gas Stufe 3-4) vorheizen. Ein Backblech mit 500 Millilitern Wasser befüllen und in die unterste Schiene einschieben.

2. Das Mehl sieben. Butter und Zucker in eine Rührschüssel geben und mit den Rührbesen des Handrührgeräts so lange schlagen, bis die Mischung cremig wird. Dann ein Ei nach dem anderen hinzufügen und weiterschlagen.

3. Vanille, Backpulver und das gesiebte Mehl dazugeben und verrühren. Zuletzt den Joghurt zugeben und untermischen.

4. Die Schokolade klein hacken. Die Äpfel schälen, entkernen und in 2,5 Zentimeter große Würfel schneiden.

5. Die Hälfte des Teigs mit den Äpfeln mischen und in eine gefettete Marmorkuchenform füllen. Unter die andere Hälfte das Kakaopulver und die Schokolade ziehen. Den Schokoladenteig in die Kuchenform füllen und mit einer Gabel ein Muster durch beide Teigsorten ziehen.

6. Den Gâteau marbré im vorgeheizten Backofen bei 180 °C 40 Minuten backen. Anschließend aus der Form nehmen und auf einem Gitter abkühlen lassen.

Gâteau au yaourt

JOGHURTKUCHEN

Den Kuchen backe ich gern mit meinem Sohn zusammen. Ich gebe die Mengen an und er füllt die Zutaten in die Schüssel. Bei diesem Rezept ist ein Joghurtbecher unsere Maßeinheit. Mein Sohn fügt gerne noch kleine Apfelsstückchen hinzu, aber sein Favorit ist, wenn eine ganze geschmolzene Schokoladentafel in den Teig kommt.

ZUTATEN FÜR
1 KASTENFORM (26 CM)

100 g Zartbitterschokolade
3 Becher Mehl
1 Becher griechischer Joghurt (175 g)
2 Becher Zucker
1 Becher Rapsöl
3 Eier (Größe M)
1 Päckchen Backpulver
½ Becher Kokosraspel
Butter für die Form
Mehl zum Bestäuben

Für den Guss:

100 g Zartbitterschokolade
2-3 EL Kokosraspel

1. Den Backofen auf 175 bis 180 °C Umluft (Ober-/Unterhitze 200 °C, Gas Stufe 3-4) vorheizen.

2. Die Schokolade im Wasserbad schmelzen. Das Mehl sieben.

3. Joghurt, Zucker, Öl und Eier in eine Rührschüssel geben. Mit den Rührbesen des Handrührgeräts schlagen. Dann das gesiebte Mehl und das Backpulver dazugeben. Wenn den Teig schön cremig ist, die flüssige Schokolade und die Kokosraspel unterrühren.

4. Den Teig in eine eingefettete und bemehlte Backform geben und im vorgeheizten Backofen bei 175 bis 180 °C 45 Minuten backen. Anschließend auf einem Gitter abkühlen lassen.

5. Für den Guss die Schokolade im Wasserbad schmelzen, den Kuchen mit der Schokolade überziehen und mit Kokosraspeln bestreuen.

Variante **Ich mag den Kuchen auch mit kleinen Schokoladenstückchen im Teig. Lecker!**

Quatre-quart

4/4-KUCHEN

Diesen Kuchen kann jedes Kind backen. Man wiegt Eier (mit Schale) und fügt die gleiche Menge Mehl, Butter und Zucker hinzu. Mein Sohn liebt es, diesen Kuchen zu backen – er wiegt ab und kann mit der Küchenwaage spielen. Das Rezept ist ein schönes Basisrezept, das perfekt und einfach abgwandelt werden kann. Wir mögen Quatre-quart mit Zitronenaroma und Zitronenguss.

1. Den Backofen auf 180 °C Umluft (Ober-/Unterhitze 200 °C, Gas Stufe 3-4) vorheizen.

2. Die Butter vorsichtig schmelzen und anschließend abkühlen lassen. Die Eier trennen.

3. Eigelbe und Zucker in eine Rührschüssel geben und so lange mit den Rührbesen des Handrührgeräts schlagen, bis die Mischung weiß wird. Nach und nach die geschmolzene Butter zugeben, dann das Mehl, den Zitronenabrieb und den Zitronensaft.

4. Das Eiweiß zu Schnee schlagen und vorsichtig unterheben.

5. Den Teig in eine gefettete Kastenform füllen und bei 180 °C 40 Minuten backen. Anschließend den Kuchen auf einem Gitter abkühlen lassen.

6. Den Puderzucker sieben und mit dem Zitronensaft zu einem dickflüssigen Guss verrühren. Mit dem Guss den Quatre-quart überziehen.

ZUTATEN FÜR 1 KASTENFORM (26 CM)

275 g Butter

275 g Eier (mit Schale gewogen)

275 g Zucker

275 g Mehl

abgeriebene Schale und Saft von 1 Zitrone

4-5 EL Zitronensaft

Butter für die Form

Für den Guss:

175 g Puderzucker

2 EL Zitronensaft

Clafoutis

Clafoutis ist mein Sommerkuchen mit frischem Obst vom Markt. Ich backe ihn gern zum Picknick, weil man ihn prima mitnehmen kann. Clafoutis lässt sich aber auch perfekt im Miniformat zubereiten. A propos: Die Kirschen werden in Frankreich immer mit Kern in den Clafoutis gegeben. Sie können sie aber gern entkernen, bevor sie in die Auflaufform kommen.

ZUTATEN FÜR 5-6 PORTIONEN

3 Eier (Größe M)
60 g Zucker
1 Messerspitze Vanille
1 Prise Salz
120 g Mehl
225 ml Milch
nach Geschmack 1 Schuss Kirschbrand
400 g Kirschen
Butter für die Form
Mehl zum Bestäuben

1. Den Backofen auf 180 °C Umluft (Ober-/Unterhitze 200 °C, Gas Stufe 3-4) vorheizen.

2. Eier, Zucker, Vanille und Salz in eine Rührschüssel geben und mit den Rührbesen des Handrührgeräts schlagen. Das Mehl sieben und peu à peu dazugeben. Die Milch und nach Geschmack den Kirschbrand hinzufügen und gut untermischen. Es sollten sich keine Klümpchen bilden.

3. Eine Auflaufform mit Butter einfetten und mit Mehl bestäuben.

4. Die Kirschen waschen, in der Auflaufform verteilen und den Teig darübergießen. Den Clafoutis im vorgeheizten Backofen bei 180 °C 40 Minuten backen.

Mein Tipp **Um den Clafoutis zu variieren, nehme ich gern gehackte Pistazien statt der Vanille. Und ich liebe auch eine etwas festere Konsistenz und backe den Clafoutis mit Vollkornmehl oder Kastanienmehl und Pfirsich.**

Dijon
MUSÉES
EN LIBERTÉ
DIJON
VU
PAR

Grandes occasions

BESONDERE ANLÄSSE

Ich finde, es gibt für jeden Feiertag eine ganz besondere Spezialität. In Frankreich bereitet man bestimmte Gerichte oder Kuchen immer zu bestimmten Anlässen zu. Zu Weihnachten den Bûche de Noel, zum Dreikönigsfest die Galette, zum Muttertag den Fraisier, zu einer Hochzeit ein Croquembouche. Für alle Anlässe und Jahreszeiten gibt es besondere Kuchen, die man mit der Familie und Freunden teilen kann. Ich habe hier eine kleine Auswahl der großen Kuchen und Torten für das Sonntagsessen, die Geburtstagsfeier oder den Mädels-Abend.

Fraisier

ERDBEERKUCHEN

Für mich ist es der »Muttertagskuchen« schlechthin. Von Mai bis August gibt es den Kuchen in allen Varianten und Formen bei fast allen unseren Feiern. Alle mögen ihn und ich kreiere immer neue Variationen, mal mit Mascarpone-Creme, mal mit Vanilleeis. Das Basisrezept kann beliebig variiert werden.

ZUTATEN FÜR 1 TORTE (Ø 20-22 CM)

Für den Biskuitteig:

3 Eier (Größe M)
90 g Mehl Type 405
90 g Zucker
1 TL Backpulver
1 Messerspitze Vanille

Für den Sirop d'imbibage:

150 ml Wasser
120 g Zucker
3 EL Rosenblütenwasser

Für die Crème mousseline à la vanille (Seite 68):

250 ml Milch
4 Eigelbe (Größe M)
50 g Zucker
20 g Maisstärke
1 Messerspitze Vanille
250 g Butter

Für die Füllung:

450 g Erdbeeren

Für die Garnitur:

150 g Marzipan
Erdbeeren

1. Den Backofen auf 180 °C Umluft (Ober-/Unterhitze 200 °C, Gas Stufe 3-4) vorheizen. Ein Backblech mit Backpapier auslegen.

2. Für den Biskuitteig die Eier trennen und das Mehl sieben. Eiweiß in einer Schüssel schlagen, bis die Masse beginnt weiß zu werden. Unter ständigem Rühren peu à peu den Zucker zugeben. Gute 2 bis 3 Minuten lang schlagen. Dann ein Eigelb nach dem anderen zugeben. Mehl, Backpulver und Vanille dazugeben und cremig schlagen.

3. Den Teig auf das Backpapier gießen und glatt streichen. Den Biskuit im vorgeheizten Ofen bei 180 °C 15 bis 16 Minuten backen.

4. Für den Sirup das Wasser mit dem Zucker zum Kochen bringen. Vom Herd nehmen und rühren, bis sich der Zucker vollständig aufgelöst hat. Das Rosenblütenwasser dazugeben. Kalt stellen.

5. Die Crème mousseline à la vanille nach Rezept zubereiten. Die Erdbeeren waschen, putzen und halbieren.

6. Den Biskuitboden vom Backpapier lösen und abkühlen lassen. Aus dem Boden 2 Kreise à 20 bis 22 Zentimeter ausschneiden und mit dem Sirup anfeuchten.

7. Einen Tortenring (20 bis 22 Zentimeter) mit Schokoladenfolie bedecken, auf eine Tortenplatte setzen und einen Biskuitboden hineinlegen. Den Rand mit halbierten Erdbeeren belegen.

8. Die Crème mousseline in einen Spritzbeutel mit 12 Millimeter großer Lochtülle geben und etwas Creme hinter und zwischen alle »Randerdbeeren« spritzen, sodass sie richtig zusammenhalten. Etwa ⅔ der Creme als Spirale auf der Mitte des Kuchens verteilen und mit reichlich Erdbeeren abdecken. Restliche Crème aufspritzen und die Biskuitoberseite darauflegen. Den Kuchen 20 Minuten kühl stellen.

9. Das Marzipan ausrollen, einen 20 bis 22 Zentimeter großen Kreis ausschneiden, auf die Torte legen und mit Erdbeeren dekorieren.

Charlotte aux fruits

Die Charlotte sieht so elegant und chic aus, dass es fast zu schade ist, sie anzuschneiden. Ich verpacke sie immer wie ein Geschenk und verziere die Charlotte mit frischem Obst. So weiß man, was darin versteckt ist.

ZUTATEN FÜR 1 CHARLOTTE (Ø 18 CM)

28-30 Biscuits roses de Reims **(Seite 86)**
2 EL Rosenblütenwasser

Für die Creme:

225 g Mascarpone
4 EL Zucker
150 g griechischer Joghurt oder Fromage blanc
1 Messerspitze Vanille

Für die Füllung:

100 g Himbeeren
100 g Brombeeren
100 g Blaubeeren
200 g Erdbeeren

1. Die Biscuits roses de Reims nach Rezept backen und abkühlen lassen.

2. 250 Milliliter Wasser mit dem Rosenblütenwasser mischen. Eine Charlotteform mit Frischhaltefolie auslegen.

3. Mascarpone mit dem Zucker cremig schlagen. Joghurt und Vanille dazugeben und kurz schlagen, bis die Creme schön geschmeidig wird.

4. Die Beeren waschen und die Erdbeeren klein schneiden.

5. 5 bis 6 Biscuits kurz in das Rosenblütenwasser tauchen, sodass sie von allen Seiten befeuchtet sind. Den Boden der Charlotteform damit bedecken. Darauf 2 bis 3 Esslöffel der Creme verteilen und mit einer Schicht Obst belegen. (Obst für die Garnitur beiseitelegen.) Wieder mit 3 bis 4 Esslöffeln Creme bedecken. 3 bis 4 Biscuits roses de Reims kurz in das Rosenwasser eintauchen und auf die Creme legen. Wieder der Reihe nach etwas Creme, dann Obst, dann Creme und dann Biscuits darauf verteilen, bis die Form gefüllt ist. Die letzte Schicht sollte aus Biscuits bestehen.

6. Einen kleinen Teller zum Beschweren auf die Charlotte legen. Mindestens 30 Minuten kühl stellen.

7. Vor dem Servieren die Charlotte auf eine Servierplatte stürzen, die Form vorsichtig entfernen und langsam die Frischhaltefolie abziehen. Die Charlotte mit Beeren dekorieren.

Mein Tipp **Die Seite der Charlotte kann man auch mit nur einseitig eingetauchtem Biscuit bedecken. So wird sie dann etwas fester, aber auch trockener. Die Charlotte wird immer kalt serviert!**

Charlotte au chocolat

Dieses zarte Küchlein wird so schnell vernascht, dass Sie beim nächsten Mal gleich die doppelte Menge zubereiten. Lassen Sie Ihrer Fantasie freien Lauf: Charlotte schmeckt herrlich mit karamellisierten Nüssen, Schokolade, Krokant, frischem Obst … délicieux !

1. Den Backofen auf 180 °C Umluft (Ober-/Unterhitze 200 °C, Gas Stufe 3-4) vorheizen. Ein Backblech mit Backpapier auslegen.

2. Für die Biscuit cuillère die Eier trennen. Mehl und Kakao sieben. Eiweiß mit dem Zucker in eine Rührschüssel geben und mit den Rührbesen des Handrührgeräts zu einer cremigen Baisermasse aufschlagen. Die Eigelbe nacheinander unterrühren. Auf niedriger Geschwindigkeit weiterrühren, Mehl und Kakao hinzufügen und schlagen, bis der Teig schön homogen und cremig ist.

3. Den Teig in einen Spritzbeutel mit Lochtülle (12 bis 15 Millimeter) füllen und 8 Zentimeter lange Streifen auf das Backpapier spritzen. Im vorgeheizten Backofen 10 Minuten bei 180 °C backen und anschließend abkühlen lassen.

4. Für die Mousse au Chocolat die Schokolade mit 150 Gramm Sahne im Wasserbad schmelzen und abkühlen lassen. 150 Gramm Sahne und Puderzucker in eine Rührschüssel geben und zu fester Chantilly aufschlagen. Dann vorsichtig unter die Schokoladencreme heben und dann den Creme-Quark untermischen. Kalt stellen.

5. Für den Sirup Wasser, Zucker und die Zimtstange aufkochen und so lange köcheln lassen, bis der Zucker sich komplett aufgelöst hat. Abkühlen lassen.

6. Eine Charlotteform mit Frischhaltefolie auslegen. Die Biscuits cuillère kurz beidseitig in den Sirup tauchen und die Seiten und den Boden der Charlotteform damit auslegen. Dann so viel Mousse au chocolat einfüllen, dass die Form zu ⅓ gefüllt ist, mit Schokoladenstückchen bestreuen und mit einer Schicht in Sirup getränkten Biscuits cuillère bedecken. Dann folgen Mousse und Schokoladenstückchen. Die letzte Schicht besteht aus in Sirup getränkten Biscuits.

7. Die Charlotte 30 Minuten kalt stellen. Vor dem Servieren mit Kakao bestäuben und mit Schokoladenstückchen verzieren.

ZUTATEN FÜR 1 CHARLOTTE (18 CM) ODER 3 KLEINE (10 CM)

Für die Biscuits cuillère (Löffelbiscuits):

3 Eier (Größe M)

100 g Mehl

30 g Kakaopulver

80 g Zucker

Für die Mousse au chocolat:

150 g Zartbitterschokolade (66 %)

300 g kalte Sahne

40 g Puderzucker

150 g Creme-Quark (oder griechischer Joghurt)

50 g Zartbitterschokolade, gehackt

2-3 EL Kakaopulver zum Bestäuben

Für den Sirup:

250 ml Wasser

50 g Zucker

1 Zimtstange

Gâteau renversé à l'orange

GESTÜRZTER ORANGENKUCHEN

Not macht erfinderisch! Einmal wollte ich ganz schnell einen Kuchen zaubern, es gab aber nicht mehr viel zu Hause – außer Orangen. Ich habe meiner Backfantasie freien Lauf gelassen … et voilà: herausgekommen ist ein Orangenkuchen, der einer Tarte Tatin ähnelt. Seitdem backe ich ihn regelmäßig!

ZUTATEN FÜR 1 KUCHEN (Ø 26 CM)

Für den Teig:

220 g Butter
4 Eier (Größe M)
220 g Zucker
250 g Mehl
½ Päckchen Backpulver
Saft von 2 Zitronen

Für die Füllung:

5 EL Zucker
2-3 unbehandelte Orangen oder Blutorangen

1. Die Butter vorsichtig schmelzen und anschließend abkühlen lassen.

2. Eier und Zucker in eine Rührschüssel geben und mit den Rührbesen des Handrührgeräts schlagen. Dann das Mehl, Backpulver, Zitronensaft und die geschmolzene Butter zugeben und unterrühren.

3. Den Backofen auf 180 °C Umluft (Ober-/Unterhitze 200 °C, Gas Stufe 3-4) vorheizen. Den Boden einer Tortenform mit Backpapier auslegen.

4. Für die Füllung den Zucker in einen Topf geben, zu einem Karamell schmelzen und auf dem Backpapier verteilen.

5. Die Orangen waschen, trocken reiben, in 2 bis 5 Millimeter dünne Scheiben schneiden und in die Form auf das Karamell legen. 2 Esslöffel Zucker auf den Orangenscheiben verteilen. Den Kuchenteig darübergießen und den Kuchen im vorgeheizten Backofen bei 180 °C 40 bis 45 Minuten backen.

6. Den Kuchen noch heiß auf eine Kuchenplatte stürzen und vorsichtig das Backpapier abziehen.

Biscuit de Savoie

BISKUIT AUS SAVOYEN

Das perfekte Basisrezept für eine Torte, einen Geburtstagkuchen oder amerikanischen Angel Cake. Der Biscuit de Savoie ist ein leichter Biskuitboden, der schön fest bleibt. Ich genieße ihn mit frisch gepresstem Zitronensaft, etwas Creme und Beeren. Man kann ihn auch wunderbar mit einer Schokoladencreme oder Mousse servieren.

ZUTATEN FÜR 1 SAVARIN (Ø 24-26 CM)

6 Eier (Größe M)
100 g Mehl
75 g Maisstärke
160 g Zucker
abgeriebene Schale von 1 Zitrone
Butter für die Form
Puderzucker zum Bestäuben

1. Den Backofen auf 210 °C Umluft (Ober-/Unterhitze 230 °C, Gas Stufe 5) vorheizen.

2. Die Eier trennen. Mehl und Maisstärke sieben.

3. Die Eigelbe, 100 Gramm Zucker und den Zitronenabrieb in eine Rührschüssel geben und mit den Rührbesen des Handrührgeräts schlagen, bis es weiß wird. Mehl und Maisstärke unterrühren.

4. Eiweiß in einen hohen Rührbecher geben, mit den Rührbesen des Handrührgeräts schlagen, bis die Mischung schaumig wird. Dann 60 Gramm Zucker langsam dazugeben und steif schlagen.

5. 3 Esslöffel Eischnee zu der Eigelbcreme geben und rühren, bis es keine Klümpchen mehr gibt. Dann vorsichtig den Rest des Eiweißschaums mit einem Teigschaber unterheben.

6. Eine Backform mit Butter einfetten und mit Puderzucker bestäuben. Den Teig einfüllen und den Biscuit de Savoie im vorgeheizten Backofen erst bei 210 °C 10 Minuten backen und danach 20 Minuten bei 150 °C Umluft (Ober-/Unterhitze 170 °C, Gas Stufe 2). Anschließend auf einem Gitter abkühlen lassen.

Mein Tipp **Man kann in den Teig nach Geschmack noch ein bisschen Zitronensaft geben. Der Kuchen passt prima zu Beerenkompott oder warmer roter Grütze.**

Tropézienne

Das Originalrezept ist streng geheim und in Saint Tropez geblieben. Ich finde den Kuchen aber sooo lecker, dass ich meine Version mit Ihnen teilen möchte. Ich habe als Basis mein Brioche-rezept genommen und eine Crème chiboust für die Füllung.

ZUTATEN FÜR 1 KUCHEN (Ø 20-22 CM)

Für den Briocheteig (Seite 44):

220 ml Milch
2 EL Orangenblütenwasser
500 g Mehl
60 g Zucker
60 g Butter
1 Würfel frische Hefe
1 Ei (Größe M)
1 Eigelb und 2 EL Milch zum Bepinseln
Hagelzucker zum Bestreuen
Milch zum Beträufeln

Für die Créme chiboust:

Crème pâtissière (Seite 74):
250 ml Milch
4 Eigelbe (Größe M)
30 g Zucker
1 TL Speisestärke
1 Messerspitze Vanille
30 g Sofort-Gelatine

Meringuemasse (Seite 89):

150 g Zucker
50 g Eiweiß
32 g Wasser

1. Für den Briocheteig die Milch und das Orangenblütenwasser mischen und den Teig nach Rezept zubereiten. Den Teig zu einer Kugel formen und 40 Minuten gehen lassen. Ein Backblech mit Backpapier auslegen, die Teigkugel daraufsetzen und abgedeckt 20 Minuten bei Zimmertemperatur ruhen lassen.

2. Den Backofen auf 185 bis 190 °C Umluft (Ober-/Unterhitze 210 °C, Gas Stufe 4) vorheizen. Ein Backblech mit 500 Millilitern Wasser befüllen und in die unterste Schiene einschieben.

3. Die Brioche mit einem Gemisch aus 1 Eigelb und 2 Esslöffeln Milch bepinseln und mit reichlich Hagelzucker bestreuen. Im vorgeheizten Backofen bei 185 bis 190 °C 25 Minuten backen.

4. Die Crème pâtissière nach Rezept zubereiten und anschließend die Gelatine unterrühren.

5. Die Meringuemasse nach Rezept zubereiten. Die Meringuemasse zu der Crème pâtissière geben und vorsichtig unterrühren. Die Crème chiboust mindestens 1 Stunde kalt stellen.

6. Die Brioche nach dem Backen abkühlen lassen und mit einem Brotmesser waagerecht in drei Teile schneiden. Die inneren Seiten der Brioche mit etwas Milch anfeuchten. Dann den Boden mit der Crème chiboust verzieren, das Mittelstück daraufsetzen, mit Crème chiboust bestreichen und den Deckel vorsichtig auflegen. Die Tropezienne mindestens 40 Minuten kalt stellen.

Mein Tipp **Ich serviere die Tropezienne immer mit ganz viel Obst!**

Pompe à l'huile

WEIHNACHTLICHES HEFEBROT

An Heiligabend gibt es bei uns kein richtiges Menü, sondern viele Kleinigkeiten. Wir haben uns die provenzalische Tradition der 13 Nachtische bewahrt und so gibt es neben Orangen, getrocknetem oder kandiertem Obst, Nüssen, Calissons und Nougat auch das Olivenölbrot mit Orangenblütenwasser. Auch wenn es reichlich Olivenöl enthält, schmeckt es leicht und fluffig.

ZUTATEN FÜR 1 OLIVENÖLBROT:

⅔ Würfel frische Hefe
200 ml lauwarmes Wasser
3 EL Orangenblütenwasser
50 ml Olivenöl
500 g Mehl Type 405
150 g Puderzucker
1 Prise Salz
3 EL Öl zum Einpinseln
50 g Puderzucker zum Bestäuben

1. Die Hefe im Wasser auflösen. Das Orangenblütenwasser und das Olivenöl dazugießen.

2. Das Mehl sieben. Mehl, Puderzucker und Salz zur Hefemischung geben und 5 Minuten mit den Knethaken der Küchenmaschine kneten, bis eine feste Teigkugel entsteht. Den Teig wie ein Päckchen falten und zugedeckt 40 Minuten an einem warmen Ort gehen lassen.

3. Ein Backblech mit Backpapier auslegen. Die Teigkugel auf das Backpapier setzen, mit den Händen oval ausbreiten und auf jeder Seite wie ein Blatt schräg einschneiden. Weitere 1 bis 1 ½ Stunden abgedeckt bei Zimmertemperatur gehen lassen.

4. Den Backofen auf 190 °C Umluft (Ober-/Unterhitze 210 °C, Gas Stufe 4) vorheizen. Ein Backblech mit 500 Millilitern Wasser befüllen und in die unterste Schiene einschieben.

5. Die Pompe à l'huile mit Öl bepinseln, mit wenig Puderzucker bestäuben und im vorgeheizten Backofen bei 190 °C 30 bis 35 Minuten backen.

Bûche de Noël

WEIHNACHTSBAUMSTAMM

Egal, ob es schon einen Nachtisch gab, ein Stück Bûche passt immer. Ohne den Bûche de Noël wäre es kein richtiges Weihnachten. Ich liebe Kastanien und freue mich immer besonders auf diesen Kuchen.

ZUTATEN FÜR 5-6 PORTIONEN

Für den Biskuitboden:

4 Eier (Größe M)

120 g Zucker

120 g Mehl

2 TL Backpulver

1 Messerspitze Vanille

Für die Crème de châtaigne:

250 g vorgegarte Kastanien

200 g Zucker

Für die Schokoladen-Mousse:

200 g Zartbitterschokolade

400 g Sahne

Für die Füllung:

3 EL Kastaniensirup

50 g vorgegarte Kastanien, klein geschnitten

Für den Guss:

150 g Schokolade

150 g Sahne

Kastanienstückchen zum Bestreuen

1. Den Backofen auf 180 bis 185 °C Umluft (Ober-/Unterhitze 200 °C, Gas Stufe 3-4) vorheizen. Ein Backblech mit Backpapier auslegen.

2. Für den Biskuitboden die Eier trennen und das Eiweiß kurz schlagen, bis die Masse weiß wird. Dann den Zucker dazugeben und weiterschlagen, bis die Baisermasse fest wird. Auf niedriger Stufe weiterschlagen und peu à peu die Eigelbe, das gesiebte Mehl, das Backpulver und die Vanille dazugeben. Den Biskuitteig 2 Zentimeter dick auf das Backpapier streichen und im vorgeheizten Backofen bei 180 bis 185 °C 12 Minuten backen.

3. Den Boden aus dem Ofen nehmen, mit einem Bogen Backpapier bedecken, umdrehen und das untere Backpapier vorsichtig abziehen. Den Boden wieder umdrehen, aufrollen und die Rolle in ein sehr feuchtes Küchenhandtuch wickeln. 30 Minuten abkühlen lassen.

4. Für die Crème de châtaigne die Kastanien klein schneiden und mit dem Zucker und 4 Esslöffeln Wasser 8 Minuten kochen. Mit dem Stabmixer pürieren und weitere 8 bis 10 Minuten köcheln lassen. In einer Schüssel abkühlen lassen.

5. Für die Mousse die Schokolade mit 200 Gramm Sahne schmelzen und abkühlen lassen. Restliche Sahne steif schlagen. Die abgekühlte Schokoladencreme vorsichtig unterrühren. 20 Minuten kalt stellen.

6. Den Biskuitboden aufrollen. Den Kastaniensirup mit 4 Esslöffeln Wasser verdünnen und den Biskuitboden damit beträufeln. Erst eine Schicht Crème de châtaigne aufstreichen, dann Schokoladen-Mousse. Mit Kastanienstückchen bestreuen. Den Biskuit vorsichtig aufrollen und 30 bis 45 Minuten kalt stellen.

7. Für den Guss die Schokolade in der Sahne vorsichtig schmelzen und dann abkühlen lassen. Die Enden des Kuchens sauber abschneiden, auf die Rolle legen und mit dem Guss überziehen. Die Oberfläche mit einer Gabel aufrauen und mit Kastanienstückchen bestreuen.

Galette des rois

DREIKÖNIGSKUCHEN

Eigentlich ist dieser Kuchen ein Vorwand: Das Wichtigste ist und bleibt die Krone. Wer nämlich in seinem Kuchenstück die kleine Porzellanfigur findet, ist der König für den Tag. Ich liebe eine Füllung aus Apfel oder Kirsche, aber der Kuchen schmeckt auch wunderbar mit Mandelfüllung (siehe Seite 24, Croissant aux amandes).

ZUTATEN FÜR 22-24 PORTIONEN

Für den Pâte feuilletée:

½ Portion Blätterteig (Seite 68)

1 »Fève« (Porzellanfigur)

1 Eigelb und 2 EL Milch zum Bepinseln

Für die Frangipane à la pomme (Mandel-Apfel-Creme):

125 g Butter

180 g Zucker

3 Eier (Größe M)

200 g gemahlene Mandeln

350 g Apfelmus

1. Den Blätterteig nach Rezept zubereiten.

2. Für die Frangipane à la pomme Butter und Zucker in eine Rührschüssel geben und mit den Rührbesen des Handrührgeräts cremig schlagen. Ein Ei nach dem anderen hinzufügen und anschließend die Mandeln zugeben. Wenn die Masse homogen ist, das Apfelmus untermischen.

3. Den Backofen auf 180 °C Umluft (Ober-/Unterhitze 200 °C, Gas Stufe 3-4) vorheizen. Ein Backblech mit Backpapier auslegen.

4. Den Blätterteig ausrollen und 2 große Kreise (24 bis 26 Zentimeter) ausschneiden.

5. Den ersten Kreis auf das Backpapier legen, die Mandel-Apfel-Creme auf die Mitte gießen und dabei einen Rand von 2 Zentimetern frei lassen. Die Fève (Figur) in die Creme drücken und den zweiten Blätterteig als Deckel daraufsetzen. Die Seiten andrücken, um die Galette dicht zu verschließen. Die Galette mit einer Mischung aus Eigelb und Milch bepinseln.

6. Mit einer Gabel oder einem Messer die Oberfläche der Galette leicht einritzen. Die Galette im vorgeheizten Backofen bei 180 °C 35 bis 40 Minuten backen.

Mein Tipp **Die Galette kann im Voraus zubereitet werden, aber ich erwärme sie vor dem Servieren immer 10 Minuten im Backofen. Lauwarm schmeckt sie am besten. Und als Krönung kann man sie auch mit einer Kugel Vanilleeis servieren.**

Variante **Anstatt den Blätterteig selbst zu machen, kann man auch zwei Rollen fertigen Blätterteig verwenden.**

Savarin

Ein Kuchen, den ich gern als Nachtisch serviere. Und wenn wir nur enge Freunde oder Familie zu Besuch haben, löffeln wir den Kuchen direkt von der Servierplatte. Die Kombination aus dem weichen Teig, dem Sirup und der Creme samt frischem Obst ist einfach ein Traum.

ZUTATEN FÜR 1 KUCHEN (Ø 22 CM)

½ Portion Briocheteig (Seite 44)

Butter für die Form

Für den Sirup:

750 ml Wasser

400 g Zucker

3 Thymianzweige

Saft von 1 Zitrone und 1 Limette

Für die Crème Chantilly:

Mark von 1 Vanilleschote

250 g Sahne

30 g Puderzucker

80 g Mascarpone

Für den Belag:

300 g Beeren

frischer Thymian und 1 Zitrone oder Limette für die Deko

1. Den Briocheteig am Vortag nach Rezept zubereiten. Den Teig 1 Stunde gehen lassen, dann leicht andrücken, um die Luft rauszubekommen. Anschließend den Teig falten, in eine große eingefettete Savarinform legen und weitere 40 Minuten gehen lassen.

2. Den Backofen auf 180 °C Umluft (Ober-/Unterhitze 200 °C, Gas Stufe 3-4) vorheizen. Ein Backblech mit 500 Millilitern Wasser befüllen und in die unterste Schiene einschieben.

3. Die Brioche im vorgeheizten Backofen bei 180 °C 30 bis 35 Minuten auf einem Gitter auf der mittleren Schiene backen.

4. Für den Sirup Wasser, Zucker, Thymian, Zitronen- und Limettensaft aufkochen und so lange köcheln lassen, bis der Zucker sich vollständig aufgelöst hat. Den Sirup abkühlen lassen. Die Brioche in eine große Tortenform setzen, mit dem kalten Sirup übergießen und über Nacht im Kühlschrank ziehen lassen.

5. Für die Crème chantilly Vanillemark, Sahne, Puderzucker und Mascarpone cremig schlagen.

6. Am nächsten Tag die Brioche auf eine Tarteplatte setzen. Crème Chantilly in einen Spritzbeutel mit Sterntülle füllen. Ein bisschen Crème Chantilly in die Mitte des Savarin spritzen und mit Beeren füllen. Obenauf die restliche Chantilly spritzen und mit Obst, Thymianzweigen und Zitrusscheiben verzieren.

Variante **Man kann den Sirup mit Orangenblütenwasser aromatisieren und den Savarin mit frischer Melone, Aprikose und Pfirsich füllen. Für eine Schokoladenvariante tränkt man den Savarin mit Vanille-Tonka-Sirup und füllt die Mitte mit Mousse au chocolat.**

Entremet framboise citron

HIMBEER-ZITRONEN-TORTE

Hauptsächlich aus Mousse komponiert, ist das Entremet ein frischer und leichter Kuchen. Die Kombination aus Zitrone und Himbeeren als Torte habe ich mal als Geburtstagskuchen für meinen Mann gebacken. Seitdem möchte er ihn immer wieder haben. Mit einem kleinen Kokoskern ist das Entremet einfach perfekt! Man kann das Entremet mit frischem Obst, Macarons oder Kokosraspeln dekorieren.

1. Den Backofen auf 160 °C Umluft (Ober-/Unterhitze 180 °C, Gas Stufe 2-3) vorheizen. Ein Backblech mit Backpapier auslegen. Einen Tortenring (24 bis 26 Zentimeter) mit Backpapier auskleiden und auf das Blech setzen.

2. Den Teig für den Biscuit de Savoie nach Rezept zubereiten. Den Teig in den Tortenring füllen und im vorgeheizten Backofen bei 160 °C 15 Minuten backen.

3. Für den Kokoskern das Eiweiß nicht zu steif schlagen. Den Zucker und die Kokosraspeln dazugeben und mit einem Teigschaber vermischen. Den Teig in einen 20 Zentimeter großen Tartering füllen und bei 170 °C Umluft (Ober-/Unterhitze 190 °C, Gas Stufe 3) 20 bis 25 Minuten backen.

4. Die Zitronencreme nach Rezept zubereiten.

5. Für das Himbeermousse das Himbeerpüree und den Zucker aufkochen und so lange köcheln lassen, bis der Zucker sich vollständig aufgelöst hat. Agar-Agar dazugeben, gründlich rühren, 10 bis 15 Sekunden kochen und anschließend abkühlen lassen. Die Sahne schlagen. Joghurt mit dem abgekühlten Himbeerpüree verrühren und vorsichtig die Schlagsahne mit einem Teigschaber unterheben.

6. Einen Tortenring (24 Zentimeter) mit Schokoladenfolie auskleiden. Den Biscuit de Savoie hineinlegen, mit Himbeermousse bedecken und 1 Stunde im Kühlschrank fest werden lassen. Dann den Kokoskern in die Mitte platzieren, mit Zitronencreme bestreichen und mindestens 1 weitere Stunde im Kühlschrank ziehen lassen.

Mein Tipp **Wenn die Mousse nicht fest genug wird, hat das Agar-Agar nicht lange genug gekocht.**

ZUTATEN FÜR 1 KUCHEN (22-24 CM)

Für den Biscuit de Savoie (Seite 147):

2 Eier (Größe M)
50 g Speisestärke
60 g Zucker
abgeriebene Schale von ½ Zitrone

Für den Kokoskern:

3 Eiweiß
90 g Zucker
120 g Kokosraspeln
1 Portion Zitronencreme (Seite 72)

Für die Himbeermousse:

300 g Himbeerpüree
100 g Zucker
2–2 ½ TL Agar-Agar
250 g Sahne
150 g griechischer Joghurt

Gâteau de macarons

MACARON-KUCHEN

Um zu zeigen, dass Macarons nicht nur kleine süße Häppchen sind, habe ich mir vorgenommen, eine große Torte zu zaubern. Nachdem ich so viele Macarons gebacken hatte, wollte ich auch mal ein Rezept mit italienischem Baiser machen. Es ist fester, etwas süßer und daraus lassen sich sehr gut ganze Macaron-Kuchen herstellen. Man benötigt unbedingt ein Zucker-Thermometer.

ZUTATEN FÜR 1 MACARON-KUCHEN (Ø 16-18 CM)

Für die Tant-pour-tant-Mischung:

100 g gemahlene Mandeln

100 g Puderzucker

40 g Eiweiß (ca. 1 Eiweiß Größe L)

Für die Meringue à l'italienne:

100 g Zucker

25 g Wasser

34-35 g Eiweiß (ca. 1 Eiweiß Größe M)

¼ TL Lebensmittelfarbe in Pulverform (2-3 Messerspitzen)

Für die Füllung:

1 Portion Crème mousseline à la vanille (Seite 68)

350 g Blaubeeren oder Himbeeren

1. Mandeln und Puderzucker mischen. Die Mischung in 3 Portionen ganz fein mit einer Kaffeemühle (oder im Mixer) mahlen und sieben. Die festen Rückstände im Sieb mit der nächsten Ladung Mandeln und Puderzucker mahlen.

2. Für die Meringue à l'italienne Zucker und Wasser aufkochen und auf 110 °C erhitzen. Weiterköcheln lassen, während man das Eiweiß schaumig schlägt. Wenn der Zucker 117 °C erreicht hat, den heißen Zucker langsam zugeben und 3 bis 4 Minuten weiterschlagen, bis die Masse 42 °C erreicht hat. Anschließend die Lebensmittelfarbe einrühren und 3 bis 4 Minuten weiterschlagen, bis die Masse schön cremig und fest ist und man eine Spitze formen kann.

3. Für die Macaronnage in eine große Schüssel 3 bis 4 Esslöffel der Tant-pour-tant-Mischung geben, das Eiweiß hinzufügen und mit einem Teigschaber vermischen. 2 Esslöffel Meringuemasse zugeben und nicht zu vorsichtig vermischen. Es entsteht eine zähe Creme. Peu à peu die Hälfte der restlichen Tant-pour-tant-Mischung und die Hälfte der Baisermasse hinzufügen. Vorsichtig mit dem Teigschaber verrühren, bis es eine homogene Creme ergibt. Dann den Rest Tant-pour-tant-Mischung dazugeben und vorsichtig weiterrühren. Den festen Teig mit dem Rest Meringue mischen. Den Teig leicht ausbreiten und dann zusammenschieben, um eine homogene Masse zu bekommen, bis der Teig wie ein Band fließt und Falten bildet. Die ganze Kunst ist, dass der Teig nicht zu flüssig und auch nicht zu fest ist.

4. Zwei Backbleche mit Backpapier auslegen.

5. Den Teig in einen Spritzbeutel mit 8,5-Zentimeter-Lochtülle geben und 2 große Macaronschalen (16 bis 18 Zentimeter) spiralförmig auf das Backpapier spritzen. 15 bis 20 kleine Macarons in einer Größe von 3,4 bis 4 Zentimeter auf das andere Backpapier spritzen. Wenn die Macarons gespritzt sind, klopfe ich das Blech und lasse es aus 30 Zentimeter Höhe auf die Arbeitsfläche fallen. So bekommt man glatte und gleichmäßige Macarons und man vermeidet, dass die Macarons beim Backen platzen. Die großen Macarons mindestens 30 bis 35 Minuten ruhen lassen und die kleinen mindestens 20 Minuten.

6. Den Backofen auf 140 bis 145 °C Ober-/Unterhitze (Gas Stufe 1) vorheizen.

7. Die großen Macarons im vorgeheizten Backofen 20 Minuten und die kleinen Macarons bei 15 Minuten backen. Nach dem Backen die großen Macarons auf dem Blech vollständig abkühlen lassen.

8. Die Crème mousseline à la vanille nach Rezept zubereiten und 30 Minuten kalt stellen.

9. Eine große Macaronschale umdrehen und auf eine Kuchenplatte legen. Die Crème in einen Spritzbeutel mit Sterntülle füllen und auf die Macaronschale spritzen, dabei einen Rand von 2 Zentimetern lassen. Auf der Creme das Obst verteilen. Auf die zweite Macaronschale etwas Crème geben und daraufsetzen.

10. Die kleinen Macaronschalen mit etwas Creme verzieren und auf den Rand kleben. Den Kuchen mindestens 30 Minuten im Kühlschrank ziehen lassen. Die restlichen kleinen Macaronschalen mit etwas Creme verzieren und aufkleben (alternativ mit Blaubeer-Ganache, siehe Seite 79).

Mein Tipp **Den Kuchen verziere ich gern mit Obst oder Blumen.**

Das Foto zu diesem Rezept finden Sie auf Seite 162.

»Gâteau de macarons«
Das Rezept zu diesem Foto finden Sie auf Seite 160.

»Gâteau opéra«
Das Rezept zu diesem Foto finden Sie auf Seite 164.

Gâteau opéra

Für mich ist der Gâteau opéra ein Kuchen, der ein besonderes Feingefühl erfordert. Alle Rezepte sind nicht sehr kompliziert, aber müssen sehr dünn und gleichmäßig verarbeitet werden. Die verschiedenen Cremes und der Teig werden wie nach Bauplan zusammengesetzt. Die Konstruktion bekommt dann nur noch ein Schokoladendach und als kleine Veredelung ein kleines echtes Goldblatt. (Der Kuchen schmeckt auch fantastisch ohne!)

ZUTATEN FÜR 1 KUCHEN (27 X 18 CM)

Für den Biscuit joconde:

50 g Butter

200 g gemahlene Mandeln

200 g Puderzucker

60 g Mehl Type 550

280 g Eier (ca. 5 Eier Größe M)

170 g Eiweiß (ca. 5 Eiweiß Größe M)

30 g Zucker

Für die Crème au beurre à la meringue à l'italienne (Seite 61):

135 g Zucker

80 g Eiweiß (ca. 2 Eiweiß Größe L)

27 g Wasser

1 Messerspitze Vanille

225 g Butter

1 TL löslicher Kaffee oder Espresso

1. Für den Biscuit joconde die Butter schmelzen und vollständig abkühlen lassen.

2. Mandeln und Puderzucker mischen. Die Mischung in 3 Portionen ganz fein mit einer Kaffeemühle (oder im Mixer) mahlen und sieben. Die festen Rückstände im Sieb mit der nächsten Ladung Mandeln und Puderzucker mahlen. Die Mischung in eine Rührschüssel füllen.

3. Das Mehl und die Eier zugeben und 8 Minuten lang mit den Rührbesen des Handrührgeräts cremig schlagen.

4. Den Backofen auf 180 °C Umluft (Ober-/Unterhitze 200 °C, Gas Stufe 3-4) vorheizen. Zwei Backbleche mit Backpapier auslegen.

5. Das Eiweiß schlagen. Sobald es anfängt schaumig-weiß zu werden, den Zucker einrieseln lassen und 3 bis 4 Minuten weiterschlagen, bis die Masse zu einem schönen weißen und festen Baiser wird. Dann den Baiser in 3 Portionen vorsichtig mit einem Teigschaber unter den Teig rühren. Den Teig zu jeweils 3 Rechtecken (20 x 26 Zentimeter) 0,5 bis 1 Zentimeter dünn auf das Backpapier streichen und im vorgeheizten Backofen bei 180 °C 8 bis 10 Minuten backen, bis er goldbraun und luftig ist.

6. Die Crème au beurre à la meringue à l'italienne nach Rezept zubereiten. Der lösliche Kaffee wird in 1 Esslöffel heißem Wasser aufgelöst und gegen Ende zugegeben, bevor die Crème ein letztes Mal geschlagen und dann kalt gestellt wird.

7. Für die Schokoladen-Ganache alle Zutaten im Wasserbad langsam schmelzen und anschließend im Kühlschrank 15 bis 20 Minuten abkühlen lassen.

8. Für die Glacage opéra Schokolade und Rapsöl im Wasserbad bei 30 bis 32 °C schmelzen, cremig rühren und kalt stellen.

9. Den Espresso zubereiten und den Zucker darin auflösen. Die Schokolade im Wasserbad schmelzen.

10. Jetzt wird gebastelt: Die Biscuit-joconde-Böden in 3 Rechtecke à 20 auf 26 Zentimeter Breite schneiden und mit dem Espresso anfeuchten. Die Böden dünn mit der geschmolzenen Schokolade bestreichen. (So wird der Kuchen nicht matschig.)

11. Einen quadratischen Backrahmen mit Schokoladenfolie auskleiden, auf eine Tortenplatte setzen und einen Biscuitboden hineinlegen. Mit der Hälfte der Buttercreme bedecken, dann einen zweiten Biscuit draufsetzen und diesen mit der Ganache bedecken. Dann kommt der letzte Boden darauf. Diesen mit der restlichen Buttercreme bestreichen. Die kalte Glacage opéra darüber verteilen und über Nacht im Kühlschrank ziehen lassen.

12. Mit einem Messer den Rand des Kuchens vom Tortenring lösen. Auf den Kuchen kommt bei mir ein kleines Goldblatt oder goldene Lebensmittelfarbe. Nun ist er bereit zum Genießen! Man kann den Gâteau opéra als Ganzes servieren oder in kleine Portion schneiden.

Mein Tipp **Nach Geschmack kann man den Espresso auch mit etwas Amaretto aromatisieren. Alternativ kann man auch etwas Pistazienpaste in den Biscuit und/oder in die Buttercreme geben.**

Für die Schokoladen-Ganache:

150 g Zartbitterschokolade

150 g Sahne

30 g Butter

Für die Glacage opéra:

120 g Zartbitterschokolade (Guanaja Valrhona)

30 g Rapsöl

Für die Füllung:

150 ml Espresso

20 g Zucker

100 g Zartbitterschokolade

Blattgold zum Verzieren

Das Foto zu diesem Rezept finden Sie auf Seite 163.

Saint-Honoré

Der König unter den Kuchen! Man sollte alle Techniken gut beherrschen, um ihn zu zaubern. Ich greife hierbei auf meine Grundrezepte zurück: Blätterteig der Mille-feuilles, Windbeutelteig der Choux, Crème pâtissière von der Tarte aux fraises. Wenn Sie diese Rezepte alle schon einmal zubereitet haben, schaffen Sie auch einen Saint-Honoré.

ZUTATEN FÜR 1 KUCHEN (Ø 22-24 CM)

¼ Portion Pâte feuilleté (Seite 68)

Für den Pâte à choux (Seite 56):

100 ml Wasser

100 ml Milch

90 g Butter

3 EL Zucker

100 g Mehl

3 Eier (Größe M)

1 Messerspitze Vanille

2 EL Puderzucker zum Bestäuben

1 Eigelb und 2 EL Milch zum Bepinseln

Für die Crème chiboust:

1 Portion Crème pâtissière (Seite 74)

30 g Sofort-Gelatine

Meringuemasse (Seite 89):

125 g Zucker

30 g Wasser

40 g Eiweiß

1. Den Blätterteig nach Rezept zubereiten. Den Teig ausrollen und einen 24 Zentimeter großen Kreis ausschneiden.

2. Den Windbeutelteig nach Rezept zubereiten. Ein Backblech mit Backpapier auslegen. Den Backofen auf 180 °C Umluft (Ober-/Unterhitze 200 °C, Gas Stufe 3-4) vorheizen.

3. Den Teig in einen Spritzbeutel mit Lochtülle (20 Millimeter) füllen und 22 bis 25 3 bis 4 Zentimeter große Bällchen auf das Backpapier spritzen. Den Rest des Teiges als Spirale auf den runden Blätterteigboden bis an den Rand spritzen. Leicht mit Puderzucker bestäuben und im vorgeheizten Backofen bei 180 °C 35 Minuten backen. Die Backofentür einen Spalt geöffnet lassen. Die Windbeutel mit einer Mischung aus Eigelb und Milch bepinseln und anschließend separat 30 bis 40 Minuten backen.

4. Für die Crème chiboust die Crème pâtissière nach Rezept zubereiten. Die Gelatine zugeben und untermischen.

5. Die Meringuemasse nach Rezept zubereiten. Die Baisermasse in zwei Portionen in die noch warme Crème pâtissière einrühren – zuerst ⅓ des Baisers zugeben und mit dem Schneebesen untermischen, dann die restlichen ⅔ vorsichtig mit einem Teigschaber unterheben. 20 Minuten kalt stellen.

6. Die Crème chiboust in einen Spritzbeutel mit Lochtülle (7 Millimeter) füllen und alle abgekühlten Choux mit der Crème füllen. Ich mag es auch, ein bisschen Crème in die Windbeutel-Spirale einzuspritzen (siehe Seite 168). Dann den halb gefüllten Spritzbeutel mit der Crème chiboust in den Kühlschrank legen.

7. Für das Karamell den Zucker in einem Topf schmelzen. Die gefüllten Choux kopfüber in das Karamell eintauchen und zum Abkühlen in kleine Halbkugel Silikon-Backformen oder auf eine Silikonmatte legen, damit sie eine schöne runde und glatte Form bekommen. Jeden Choux (außer einen besonders schönen für die Dekoration) auch von der Unterseite kurz in das Karamell tauchen und anschließend direkt auf den Rand des Blätterteig-Windbeutelboden ankleben.

8. Die restliche Crème chiboust zwischen die Windbeutelspirale spritzen. Den Kuchen 30 Minuten kalt stellen.

9. Für die Crème Chantilly eine Rührschüssel und den Rührbesen des Handrührgeräts in den Kühlschrank legen. Den Puderzucker sieben. Die Sahne in die kalte Schüssel geben und steif schlagen. Sobald sie beginnt dicker zu werden, den Puderzucker zugeben. Wenn die Creme schön luftig und fest ist, 10 Minuten kalt stellen.

10. Die Crème Chantilly in einen Spritzbeutel mit Saint-Honoré-Tülle füllen und die Chantilly in die Mitte des Kuchens spritzen. Das schönste Choux kommt als Krönung oben drauf.

Meine Tipps **Ich verstecke gerne in der Mitte zwischen den Bahnen der Spirale frische Beeren. Das verleiht dem Kuchen eine frische Note.**

Variante **Die Crème Chantilly kann man mit Vanille verfeinern. Die Crème chiboust bereite ich auch mit 100 g Schokolade (in der Crème pâtissière) zu. Anstatt Blätterteig selbst zu machen, können Sie auch einen fertigen Blätterteig kaufen, aber bitte ohne Palmöl!**

Für das Karamell:

200 g Zucker

Für die Crème Chantilly:

60 g Puderzucker

300 g Sahne (35 % Fett)

Das Foto zu diesem Rezept finden Sie auf Seite 168.

»Saint-Honoré«
Das Rezept zu diesem Foto finden Sie auf Seite 166.

Croquembouche

WINDBEUTELPYRAMIDE

Croquembouche ist ein Hochzeitskuchen, aber für uns ist er zu einem Geburtstagskuchen geworden. Er ist einfach praktisch, wenn man viele Gäste hat. Ich fülle den Kuchen gern mit drei verschiedenen Cremes, farblich passend zum Anlass. Man muss bei der Zusammenstellung nur gut organisiert sein und einen Schritt nach dem anderen tun. Die Rezepte sind einfach und am Ende ist es nur eine Bastelfrage, dass die Pyramide schön gleichmäßig und aufrecht wird.

ZUTATEN FÜR EINEN 45-50 CM HOHEN KUCHEN (Ø 22-24 CM) MIT 130-140 WINBEUTELN

Für den Pâte à choux:

½ Portion Craquelinteig (Seite 56)

1 EL Kakaopulver

2 Portionen Pâte à choux (Seite 57)

1 Eigelb und 2 EL Milch zum Bepinseln

3-4 EL Hagelzucker

3-4 EL grobes Krokant

Für 3 verschiedene Crèmes pâtissières (Seite 74):

960 ml Milch

15 Eigelbe (Größe M)

195 g Zucker

75 g Mehl

1 Messerspitze Vanille (für die Vanillecreme)

175 g Zartbitterschokolade (für die Schokoladencreme)

90 g Praliné für die Pralinécreme (siehe Seite 64)

1. Am Vortag für den Craquelin alle Zutaten verkneten. Zusätzlich das Kakaopulver unterkneten. Dann den Teig zwischen 2 Blättern Backpapier 2 bis 4 Millimeter dünn ausrollen und anschließend 30 Minuten kühl stellen.

2. Den Backofen auf 180 °C Umluft (200 °C Ober-/Unterhitze, Gas Stufe 3-4) vorheizen. Ein Backblech mit Backpapier auslegen.

3. Am Vortag den Windbeutelteig nach Rezept zubereiten, in einen Spritzbeutel mit 20-Millimeter-Lochtülle füllen und 3-4 Zentimeter dicke Bällchen auf das Backpapier spritzen.

4. Etwa 1 Zentimeter große Kreise aus dem Craquelinteig ausstechen und mittig auf ⅓ der Windbeutel legen. Die restlichen Choux mit einer Mischung aus Eigelb und Milch bepinseln und ⅓ der Choux mit Hagelzucker und den Rest mit Krokant bestreuen. Die Choux 35 bis 40 Minuten bei 180 °C backen. (Die Choux sollen goldbraun sein und können über Nacht in der Küche stehen.)

5. Die drei verschiedenen Crèmes pâtissières ebenfalls am Vortag nach Rezept zubereiten. Für die Vanillecreme Vanille zur Milch geben, für die Schokoladencreme die Zartbitterschokolade in der Milch schmelzen lassen und für die Pralinécreme die Pralinémasse der Milch hinzufügen. Dann geht das Rezept wie beschrieben weiter. Die Crèmes über Nacht im Kühlschrank kühl stellen.

6. Am nächsten Tag den Krokantboden zubereiten. Den Backofen auf 200 °C Umluft (220 °C Ober-/Unterhitze, Gas Stufe 4-5) vorheizen. Ein Backblech mit Backpapier auslegen.

7. Die Mandeln auf dem Backpapier verteilen und im vorgeheizten Backofen kurz anrösten. In einer großen Pfanne den Zucker zu

Fortsetzung auf Seite 172 >>

Croquembouche

WINDBEUTELPYRAMIDE

>> Fortsetzung von Seite 170

Für den Krokantboden:
300 g Mandeln
350 g Zucker

Für den Karamell:
250 g Zucker

Karamell schmelzen und dann die gerösteten Mandeln hineingeben und verrühren. Die Masse in eine mit Backpapier ausgelegte Tarteform (ø 24 cm) geben und abkühlen lassen.

8. Jede Creme in einen Spritzbeutel mit 7-Millimeter-Lochtülle geben. Jeweils die untere Seite der Choux anschneiden. Die Hagelzucker-Choux mit Vanillecreme, die Krokant-Choux mit Pralinécreme und die Schokolade-Craquelin-Choux mit Schokoladencreme füllen.

9. Für das Karamell in einer kleinen Pfanne 5 Esslöffel Zucker flach verteilen und bei mittlerer Hitze erwärmen. Achtung – nie rühren! Nur die Pfanne bewegen, um den Zucker zu verteilen.

10. Wenn das Karamell anfängt zu schmelzen, 2 weitere Esslöffel Zucker darüberstreuen. Wenn alles geschmolzen ist, kann die nächste Portion Zucker dazu, bis es genug Karamell gibt. Die Hitze reduzieren, sonst wird das Karamell zu dunkel. (Ich bereite erst die zweite Hälfte des Karamells zu, wenn die erste Portion aufgebraucht ist. So habe ich genug Zeit, den Croquembouche zusammenzubasteln.)

11. Auf eine Tortenplatte den Krokantboden (ohne Backpapier) legen und darauf den ersten Windbeutel ankleben. Jeden Choux kurz mit dem Boden ins Karamell tauchen und mit 1 Zentimeter Platz vom Rand festkleben.

12. Für alle nachfolgenden Etagen tauche ich immer die beiden Seiten der Choux in das Karamell (nicht den Boden) und platziere die Choux mit dem Boden zur Innenseite der Pyramide. So ist die Choux-Verzierung gut zu sehen (Krokant, Hagelzucker oder Craquelin). Dann ist es nur ein kleines Puzzlespiel, bei dem es darum geht, so wenig Löcher wie möglich in der Pyramide zu haben!

Mein Tipp **In der Regel brauche ich 130 Choux für eine 50 Zentimeter hohe Pyramide. Wenn Sie eine kleine Pyramide möchten, einfach die Menge reduzieren. Die Pyramide muss immer am Tag selbst gebastelt werden, sonst wird das Karamell weich und die Pyramide kann auseinanderfallen.**

Rezeptregister

Die fabelhafte Welt der Aurélie

ISBN 978-3-572-08193-6

ISBN 978-3-517-10089-0

ISBN 978-3-517-09793-0

ISBN 978-3-572-08170-7

Impressum

5. Auflage 2024

Hinweis

Die Ratschläge/Informationen in diesem Buch sind von Autorin und Verlag sorgfältig erwogen und geprüft. Dennoch kann eine Garantie nicht übernommen werden. Eine Haftung der Autorin bzw. des Verlags und seiner Beauftragten für Personen-, Sach- und Vermögensschäden ist ausgeschlossen.

Bildnachweis

Fotografie, Foodstyling und Styling: Aurélie Bastian
Cover: Fotografie Klaus Einwanger, Foodstyling Monika Schuster, Styling Deborah De Luca
Mit Ausnahme von:
Fotolia: 18 (flash100); Juliane Naumann, Dessau: 7, 9, 171; Südwest Verlag Archiv: 10 (Klaus Einwanger)

Projektleitung Joana Lück

Layout, DTP, Gesamtproducing
Grafikdesign Hansen – Jan-Dirk Hansen

Redaktion Anja Fleischhauer

Bildredaktion Sabine Kestler

Korrektorat Barbara Kohl

Reproduktion
Mohn Media Mohndruck GmbH, Gütersloh

Druck und Verarbeitung
TBB, a.s., Banská Bystrica

Printed in Slovakia

Penguin Random House Verlagsgruppe
FSC® N001967

ISBN 978-3-517-09533-2